SOUVENIR DU TRIDUUM

CÉLÉBRÉ

A L'ÉGLISE MÉTROPOLITAINE D'AVIGNON

EN L'HONNEUR

DU

BIENHEUREUX J.-B. DE LA SALLE

les 15, 16, 17 Juin 1888

PANÉGYRIQUES

Par MM. l'abbé GIRAUD, *chanoine honoraire, aumônier du Pensionnat des Frères — l'abbé* Paul DE TERRIS, *ancien vicaire-général de Fréjus et chanoine honoraire d'Avignon — l'abbé* MARBOT, *ancien vicaire-général d'Aix.*

AU PROFIT DES ÉCOLES CATHOLIQUES

AVIGNON

AUBANEL FRÈRES IMPRIMEURS, DE N. S. P. LE PAPE

ET DE MONSEIGNEUR L'ARCHEVÊQUE

Place Saint-Pierre, 9

—

1888

SOUVENIR DU TRIDUUM

CÉLÉBRÉ

A L'ÉGLISE MÉTROPOLITAINE D'AVIGNON

EN L'HONNEUR

DU

BIENHEUREUX J.-B. DE LA SALLE

les 15, 16, 17 Juin 1888

PANÉGYRIQUES

Par MM. l'abbé Giraud, *chanoine honoraire, aumônier du Pensionnat des Frères — l'abbé* Paul de Terris, *ancien vicaire-général de Fréjus et chanoine honoraire d'Avignon — l'abbé* Marbot, *ancien vicaire-général d'Aix.*

AU PROFIT DES ÉCOLES CATHOLIQUES

AVIGNON

AUBANEL FRÈRES IMPRIMEURS, DE N. S. P. LE PAPE

ET DE MONSEIGNEUR L'ARCHEVÊQUE

Place Saint-Pierre, 9

—

1888

I

PANÉGYRIQUE

DU

BIENHEUREUX J.-B. DE LA SALLE

PAR M. L'ABBÉ GIRAUD

CHANOINE HONORAIRE, AUMONIER DU PENSIONNAT DES FRÈRES A AVIGNON

Qui susceperit unum parvulum talem in nomine meo, me suscipit.

Celui qui recevra en mon nom un de ces petits, me reçoit.

(MATTH. XVIII, 5.)

MONSEIGNEUR,

MES FRÈRES,

Nous savons tous comment l'Église a recueilli de la bouche du Maître cette parole qui élève si haut la dignité de l'enfant. Mais quel saint en a reçu dans son âme une impression plus profonde que le Bienheureux de la Salle? Sa sainteté, sa vie tout entière n'est qu'un radieux épanouissement de ce trait si pur à la fois et si touchant de la physionomie de Jésus-Christ: son attrait, sa tendresse, ses prédilections pour les enfants, et entre tous, pour l'enfant du pauvre. Et quelle était la pensée de Dieu en envoyant à l'Eglise notre Bienheureux? Car c'est lui qui envoie les saints, selon les besoins des temps et des hommes, et les saints sont les seuls dont le passage sur la terre ne soit pas effacé par la vague mobile du temps, les seuls qui réalisent pleinement ici-bas les secrets desseins de la Providence sur le monde.

Ce qui fut peut-être un mystère pour notre Bienheureux lui-même, n'en est plus un pour nous. Au seul nom de la Salle, je me reporte par la pensée vers les temps mêmes de Notre-Seigneur, et je refais dans mon souvenir ces admirables récits de l'Evangile, où Jésus-Christ nous est représenté entouré des enfants et des mères. « Laissez venir à moi les petits enfants, » disait-il, et leur tendant les bras dans l'émotion de sa tendresse, ayant à ses côtés les apôtres d'une part, et les mères de l'autre, il mettait simplement sur cette gracieuse scène le caractère d'une institution que l'Église perpétuerait pour l'honneur des âmes, et qui aurait sa vie dans le Cœur même de Jésus: Il fondait sur la terre l'éducation chrétienne. *Sinite parvulos venire ad me.*

Voilà, mes Frères, en regard de nos temps et de l'institution divine, ce que salue surtout dans le Bienheureux de la Salle l'humanité contemporaine: l'ami de l'enfance et l'instituteur des écoles chrétiennes.

Monseigneur,

Nul mieux que vous ne l'eut glorifié du haut de cette chaire. Qui n'a senti, seulement en vous voyant, qu'il y a dans votre âme ce cachet divin de l'âme de Jésus: *Mitis et humilis corde*? Qui n'a compris aussi, en écoutant ou en lisant vos si touchantes lettres pastorales, que l'intimité du Sauveur vous permet tous les jours, comme à l'apôtre-vierge, de puiser largement aux secrets de son tendre Cœur? Et qui ne sait enfin, dans cet heureux diocèse d'Avignon, que vous avez fait de la grande œuvre de nos écoles toujours menacées l'œuvre capitale de votre apostolat au milieu de nous? Ah! je sens bien ce qui va surtout manquer à ma parole, l'autorité et l'onction de la vôtre. Mais puisque, sans pouvoir m'y tromper, c'est mon attachement de toute la vie à la jeunesse chrétienne, qui me vaut aujourd'hui l'honneur de parler d'un des saints qui l'ont le plus aimée, j'essaierai d'abord d'étudier, dans l'homme, la formation ou la première ébauche de l'instrument divin; puis, dans le fondateur, la sagesse surnaturelle qui a mis sur lui le signe d'un génie inspiré; et enfin, dans le saint, la consécration de l'œuvre providentielle qui porte l'avenir du monde.

Il est toujours difficile de louer les saints; mais ce cadre m'effraie. Puissé-je du moins vous y faire apparaître l'humble et douce figure du Bienheureux Jean-Baptiste de la Salle. Je sais que vos âmes, mes Frères, lui donneront elles-mêmes tout son puissant relief.

I

Ouvrez notre histoire nationale, mes Frères, vous la trouverez faite de l'œuvre des saints. Leurs paroles comme leurs actes ont exercé toujours sur notre civilisation une influence plus durable que toutes les agitations de la politique humaine.

Le Bienheureux de la Salle est un de ces saints, qui, depuis saint Denys, se succèdent parmi nous sans interruption et ont fait notre France chrétienne. Il naît au moment où commence le règne de Louis XIV. Quand le grand roi est à l'apogée de sa gloire, et qu'autour de lui brille cette pléiade incomparable de génies dont l'Église peut revendiquer le plus pur honneur et le plus vif éclat, lui, de la Salle, prépare dans l'ombre une œuvre, dont il ne voit et ne mesure ni toute l'importance ni tous les développements. Il en fait la fondation, l'année même, où le roi troublé par l'orgueil se prend à contester au Souverain Pontife ses divins priviléges. Et enfin, à mesure que notre grande monarchie marche par cette pente vers la révolution qui la renversera, un humble prêtre, encore inconnu, bâtit de ses mains un autre monument qui a jusqu'ici défié la révolution elle même, et à l'abri duquel des milliers d'enfants viennent encore aujourd'hui apprendre à connaître Dieu et à aimer la France catholique.

Ici peut être un rapide tableau de la situation de l'Église achèverait d'éclairer cette époque. Qu'il me suffise d'affirmer qu'après tous les écroulements laissés dans l'Europe par le protestantisme, la vie chrétienne n'avait encore rien perdu de son antique fécondité, et que l'Église, par ses séminaires, par ses colléges, par toutes ses chaires, par ses missionnaires, par ses saints et par ses grands hommes dans tous les ordres, dans les lettres comme dans les sciences, s'appliquait surtout et par dessus tout à l'enseignement de la vérité. Une seule lacune restait à remplir. Car au milieu de cette diffusion de la lumière donnée à tous d'une main si prodigue, il y avait pourtant une classe, la plus humble, mais la plus nombreuse, qui était délaissée, faute de maîtres: c'était les petits enfants des pauvres, des artisans et des ouvriers. C'est pour eux que la Providence envoya de la Salle.

Il naquit à Reims d'une famille originaire du Béarn et d'antique noblesse, dans laquelle se gardaient intactes, avec toutes les traditions d'honneur de la magistrature et de l'armée, les pratiques plus saintes, plus élevées encore de la religion et de la foi. Quelle pure atmosphère entoura son berceau! C'était bien véritablement la famille chrétienne, avec tout le relief que peuvent donner la noblesse, les dignités, la fortune. Aujourd'hui, mes Frères, nous avons presque perdu la notion du foyer chrétien, et nous avons peine à nous figurer quelle était alors, même parmi les classes pauvres, la sérénité d'un intérieur domestique, où n'entraient jamais ces inquiétudes sombres qui désolent maintenant tant de familles, mais où le soleil de la foi projetait sa douce et chaude lumière, chassant devant lui les vices et les révoltes qui épuisent les âmes plus que les privations. Telle était cependant l'existence en Province, et la Province alors, c'était toute la France.

Aussi, rien de plus aimable, rien de plus doux à voir que l'enfance du jeune de la Salle. Il vit au sein de sa famille, dans l'aisance sans doute, mais avec les habitudes sérieuses et l'austérité des mœurs de la magistrature, au XVIIe siècle. Aucun plaisir bruyant ne dissipe son âme, aucune parole malsonnante ne vient troubler la pureté de sa pensée ni inquiéter sa foi. Ses jours s'écoulent entre la prière et l'étude.

A cette existence déjà si calme, par une disposition de la nature il ajouta la gravité, une gravité douce qui perçait à travers les grâces de l'âge. D'un caractère ouvert et gai, le jeune la Salle montra de bonne heure une grande piété. Il aimait peu les jeux de son âge, mais il se plaisait à construire des oratoires et des autels, et à imiter les cérémonies saintes. Le plus grand bonheur qu'on put lui donner, c'était de le conduire à l'Eglise. Du reste, sa piété n'avait rien d'affecté ni de morose, elle était simple et douce, et n'altérait en rien l'enjouement de ses entretiens ni la sérénité de son visage. Elle le rendait seulement plus appliqué à ses devoirs, plus docile envers ses parents, plus affable avec tout le monde, et donnait un charme particulier à toutes ses actions.

Il tenait de ses ancêtres une vaillance de caractère que nous retrouvons dans toute sa vie, et de son père, un haut magistrat de la cour présidiale de Reims, ce sentiment profond de la justice qui l'attacha irrévocablement au devoir.

Vers l'âge de neuf ans, il fut envoyé à l'Université de Reims, et comme il portait dans l'étude, avec une vive intelligence, l'amour du travail et cette crainte de Dieu qui le suivait partout, il gagna promptement l'estime de ses maîtres en même temps que l'affection de ses camarades. Il y avait là, pour ses parents, autant de signes mystérieux de prédestination, et quelles que fussent leurs aspirations ou leurs préférences, ils n'eurent garde de mettre obstacle à l'esprit de Dieu qui manifestement soufflait sur cet enfant. Les familles chrétiennes ne sont-elles pas comme des tiges destinées à produire des Saints? Et les saints, fleur et fruit de cette sève évangélique gardée à travers les générations, ne sont-ils pas eux-mêmes l'honneur de toute une race? Certes, le sacerdoce qui devait arrêter, en la personne de Jean-Baptiste, le cours naturel de la paternité du sang, n'allait-il pas le remplacer par les effluves de cette grande paternité spirituelle qui devait lui donner des enfants innombrables?

A onze ans, notre Bienheureux entrait dans la cléricature. C'était le 11 mars 1662. L'Université de Reims avait alors pour chancelier le chanoine Pierre Dozet, homme de grande science et de piété profonde. Il avait remarqué les heureuses dispositions de Jean-Baptiste, qui était son parent, et sentant la mort approcher, il résolut de lui laisser son canonicat. Le Chapitre de Reims était l'un des plus illustres de France. Quatre de ses membres étaient déjà montés sur le trône de S. Pierre, et ils avaient comblé de priviléges le corps dont ils étaient sortis. Mais loin de se laisser éblouir par une dignité si prématurée, le jeune chanoine de quinze ans ne vit dans sa charge que de nouveaux devoirs à remplir. Régulier à l'office, fidèle à la prière, et de plus en plus appliqué au travail, il se prépara ainsi, dans la solitude de la famille, de la prière et de l'étude, aux quatre ordres mineurs. Puis, ses études de latinité et de philosophie terminées, il reçut avec la plus grande distinction le grade de Maître-ès-arts.

Il venait de faire son premier pas vers le doctorat. Son père désireux qu'il poursuivît ses études à Paris, lui cherchait un asile, une maison où, loin de la maison paternelle, il fut encore à l'abri des périls de son âge, dans une ville qui était déjà le théâtre de tous les plaisirs. Or, à cette heure même, florissait dans toute l'ardeur d'une jeunesse qui n'a pas connu de déclin, une institution dont le grand objet était de former de saints prêtres, d'offrir à leur amour, à leur imitation la vie intérieure de Jésus-Christ et de sa sainte Mère, en un mot, de les préparer à l'apostolat par la piété autant que par la science. Le séminaire S. Sulpice avait été solennellement béni, en 1651, l'année même de la naissance du Bienheureux de la Salle. Ils étaient donc du même âge, et l'un et l'autre étaient peut-être le fruit des mêmes prières. M. Olier était mort, mais son esprit était toujours vivant, et l'exemple de ses vertus, présent à toutes les mémoires, était alors ce qu'il est encore, ce qu'il sera toujours, ce que nous l'avons vu nous-mêmes dans notre cher et inoubliable séminaire S. Charles, le guide lumineux de la sainte Compagnie.

Le jeune de la Salle entra à S. Sulpice le 18 octobre 1670. Nous ne savons que peu de chose de ce qu'il y fit. L'éducation est là silencieuse, l'humilité l'enveloppe de ses voiles, et les vertus, comme les fleurs, y éclosent sans bruit. Mais cette douce et aimable vie ne devait pas être pour lui de longue durée. Moins d'un an après son entrée, il perdait sa vertueuse mère, et cette mort lui causa une douleur profonde. Quelques mois plus tard, son père lui-même était emporté. Ils mouraient tous deux avant l'âge, laissant à l'aîné de leurs nombreux enfants une fortune à conduire et, charge bien plus grave et bien plus délicate ! une famille à élever.

Le jeune lévite dut se séparer tout en larmes de son cher Séminaire et revenir à Reims.

Ce fut une épreuve, une tentation dans sa vocation ecclésiastique. N'était-il pas possible de faire son salut dans le monde ? Et n'aurait-il pas même plus de mérite à sacrifier ses goûts pour des devoirs plus pénibles ? — Toutes les vocations ont de ces secousses. Heureuses celles qui y résistent ! La vocation de la Salle avait des racines trop profondes pour être ébranlée. La Providence d'ailleurs avait mis à Reims, à côté de lui, un homme pieux, éclairé, détaché du monde, et recherchant pour lui-même la pauvreté, l'humiliation, la pénitence. C'était l'abbé Roland, chanoine et théologal de la cathédrale. Notre Bienheureux s'était mis sous sa direction. Deux mois après, il recevait à Cambrai le sous-diaconat qui le liait irrévocablement au service des âmes.

Au séminaire S. Sulpice, il avait senti l'utilité, ou, pour mieux dire, la nécessité de la règle. Il l'avait rapportée dans sa propre maison, et avait donné à ses frères et à lui-même comme une sorte de régularité monastique. C'était merveille de voir cet ordre gracieux et charmant dans l'intérieur domestique. Il passa de la sorte six années encore. Enfin le 9 avril 1678, la veille de Pâques, il recevait l'onction sacerdotale des mains de Mgr Letellier, dans la cathédrale de Reims.

L'heure de la Providence approchait ; l'instrument était dans sa main ; l'abbé Roland, avant de mourir, avait dit à la Salle qu'il le croyait appelé à fonder, en faveur de l'enfance, une œuvre analogue à celle des Sœurs de l'Enfant Jésus pour les filles, dont il lui confiait la direction. Ce qui est sûr, c'est qu'après la pieuse et laborieuse jeunesse dont j'ai essayé d'esquisser quelques traits, le Bienheureux de la Salle était prêt à accomplir de grandes choses. Une foi robuste pour résister aux épreuves, un esprit éclairé pour conduire une œuvre à travers les écueils, et avec cela une volonté capable de tous les travaux, de tous les sacrifices, de toutes les immolations : voilà l'ébauche que s'était préparée la grâce sur une nature docile. Et maintenant sans dessein arrêté, l'homme se tenait devant Dieu, comme un ouvrier disposé à tout, mais attendant les ordres du Maître, avant de se mettre à l'ouvrage.

II

Ce que la Providence voulait faire de lui, c'était un fondateur : le fondateur d'abord de l'Institut des Frères des écoles chrétiennes, puis de l'enseignement primaire.

Avec cette délicatesse infinie qui se plie à toutes les infirmités de l'homme, Dieu ne lui fit connaître que peu à peu la grandeur et les difficultés de la mission qu'il avait résolu de lui donner. Il ne lui en révéla pour ainsi dire que les devoirs de chaque jour, lui disant comme à Paul : à chaque jour suffit ma grâce ; l'occupant des écoles, sans qu'il s'en aperçut ; l'amenant lentement par l'attrait divin de la charité, et l'engageant tous les jours un peu plus dans cette œuvre sublime de l'instruction des pauvres, qui devait à la fois relever tant de ruines, et parer encore aux désastres de la révolution. Ainsi l'attira-t-il, comme à son insu, devant cette œuvre, en apparence la plus humble, mais en réalité la plus considérable de nos temps modernes, l'éducation chrétienne de l'enfance.

Admirons ensemble l'action discrète de sa grâce pour agir sans contrainte, sans violence, sans choc sur la volonté de notre Bienheureux. Ce sont d'abord des saints qu'il députe vers lui : le chanoine Roland, dont le souvenir est resté si profond dans l'âme de la Salle ; le R. P. Barré qui fut pour lui, dans les voies de sa vocation, comme l'ange des Conseils divins. Puis ce fut encore Madame Maillefer, cette conquête de la Croix, à qui Jésus-Christ, pour réparer ses folies mondaines, avait inspiré de consacrer son immense fortune à l'éducation des classes malheureuses. Et enfin, c'est Adrien Nyel, ce fervent chrétien, cette originale figure, qui apparaît d'abord, qui apparaît partout, comme le messager de Dieu, ou comme le pionnier des premières fondations d'écoles, tourmenté, lui aussi, du besoin d'enseigner les pauvres.

Tels devaient être les premiers instruments de Dieu. Mais l'élu de sa Providence, l'homme prédestiné qu'il avait choisi pour sa grande œuvre, c'était l'abbé de la Salle.

Lui, cependant, qui appartenait à une société si polie, lui, d'un esprit si délicat, lui, que tout éloignait de cet étrange et rude ministère, comment lui faire accepter de former des maîtres d'école et de catéchiser les enfants du peuple ?

Enfant, mes Frères, il avait répondu aux premières prévenances divines par la fuite du mal ; jeune homme, il avait répondu à la grâce du sacerdoce par une consécration sans réserve de sa personne au service de Dieu ; prêtre maintenant, quand, à la touchante lumière des exemples et des conseils, quand, à la lumière plus vive encore de faits, d'évènements qui avaient commencé chez lui, puis s'étaient développés avec lui, par lui, et pourtant malgré lui, il eut clairement reconnu l'appel divin, il y répondit simplement par le sacrifice universel de ses goûts, de ses volontés, de ses attraits, de ses répugnances. Et enfin, quand Dieu l'exigea, au milieu des blâmes et des réprobations du monde, il se sépara de sa famille, il se dépouilla de son titre, des honneurs de sa charge, de sa fortune même qu'il eut la sublime folie de distribuer tout entière aux pauvres et aux malheureux, n'en réservant pas la moindre parcelle, pour la mettre du moins, comme l'eut conseillé la prudence humaine, dans la fondation de son œuvre. Non, mes Frères, quand Dieu avait mis dans son berceau les dons que le monde apprécie le plus, ce n'est pas qu'il eut besoin, pour la réalisation de son plan, de ces éléments périssables, mais parce qu'il voulait rendre plus éclatant l'héroïsme de son serviteur. Ainsi richesses, dignités, affections de famille et inclinations naturelles, l'humble prêtre rendit tout à Dieu, pour donner aux pauvres enfants que Dieu voulait confier à ses soins, un cœur qui ne tiendrait plus au monde par aucun lien.

Le voilà désormais tout entier à l'œuvre des écoles. Il avait commencé avec quelques laïques, qu'on l'avait prié de diriger par ses conseils, et par degrés, sans qu'il voulut prendre aucun engagement, mais en continuant de passer par dessus des répulsions, que sa nature autant que son éducation et ses relations sociales semblaient rendre invincibles, il avait fini par se faire de ces pauvres maitres d'école des disciples d'abord, puis des amis, et sa maison s'était peuplée d'une famille nouvelle. Il les avait, dès le premier jour, assujettis à une règle. C'était pour eux la condition de la vie et du succès de leur ministère. Lui-même s'en montra le plus fervent disciple et le premier observateur. Ils la trouvèrent trop pénible, et s'éloignèrent les uns après les autres de la communauté naissante. Un jour même, le Bienheureux se trouva seul avec deux maîtres demeurés fidèles. Le découragement pouvait le gagner. Mais non, la main de Dieu allait bien mieux paraitre aux fondements de l'œuvre. Il trouva que c'était assez pour commencer ce qui est aujourd'hui l'Institut des Frères des écoles chrétiennes.

Et voici qu'en effet, des hommes nouveaux accoururent. Ce furent les premiers novices. Et tout aussitôt, comme pour leur donner confiance, Dieu, par l'aventureuse initiative d'Adrien Nyel, éleva successivement, et en dépit de tous les obstacles, après l'école déjà florissante de Reims, celles de Rethel, de Guise, de Soissons, de Laon. Quant au Bienheureux, réduit, comme ses Frères, à gagner désormais ou à mendier son pain de chaque jour, il est vraiment l'homme de Dieu, et il peut confiant se jeter dans ses bras, assuré de trouver en lui force, soutien, courage.

Le moment lui semble venu de réunir ses Frères, et il tient

avec eux son premier chapitre. Il a déjà, dans le silence et la méditation, rédigé les règles qui vont gouverner l'Institut. Elles sont accueillies, puis expérimentées avec la plus touchante unanimité. Il s'est même tracé l'habit qui sera désormais le costume des maîtres chrétiens de l'enfance. Tous le saluent avec respect, et s'en revêtent sans délai avec un religieux empressement. Il sera pour eux le signe public de leur consécration à Dieu et de leur dévouement à l'éducation de l'enfance. Qu'importe que le monde l'accueille avec des moqueries ? Le monde est dans son rôle : il rit volontiers de ce qui est nouveau ; et quand on vit le Bienheureux, quand on vit les Frères paraître dans les rues, vêtus de cette longue robe d'étoffe grossière, de ce manteau flottant, de ce chapeau à larges bords et de ces gros souliers, il ne fut sorte de plaisanteries qu'on ne lançat sur leur compte. Le monde depuis s'est habitué à voir la bure du Frère à la peine, au labeur incessant, au sacrifice perpétuel, au dévouement le plus absolu, non pas seulement aux enfants dans leurs écoles, leurs patronages, leurs orphelinats, leurs maisons d'apprentis et d'ouvriers, mais à nos soldats mutilés, dans les ambulances, sur les champs de bataille et jusqu'au plus terrible des mêlées sanglantes. Le rire s'est éteint sur ses lèvres, et honoré par deux cents ans de services, de vertus, de patriotisme sous toutes les formes, le costume grave, mais beau, dans son ampleur et sa simplicité, des Frères des écoles chrétiennes, n'appelle plus que les sympathies, la vénération, la reconnaissance du monde entier.

Au reste, dès qu'ils se sont revêtus de ces livrées de l'humilité, de la pauvreté, de la pénitence, c'est-à-dire, de tout ce que le monde délaisse et déteste, Dieu bénit ce vivant symbole d'une règle et d'une vie nouvelles. L'œuvre commence aussitôt à se dilater et à s'élargir, le noviciat s'établit, et par un élan de confiance, par un premier souffle de popularité qui ne fera que grandir et s'étendre, des jeunes gens accourent demander à notre Bienheureux l'art d'enseigner les pauvres. Une première école normale se fonde, qui va donner aux paroisses de la Champagne des instituteurs séculiers, mais chrétiens ; et c'est ainsi que le génie du Bienheureux, devançant les temps, offre un premier modèle qui ne sera ni modifié, ni dépassé, aux institutions de notre âge.

Il ne restait que deux graves questions à résoudre : celle du nom et celle des vœux. La question du nom à prendre dans l'Église devait être bien simple. Entre eux déjà ils s'appelaient du nom de Frères. Ils garderont cet humble et doux nom, qu'ils rendront populaire dans toutes leurs écoles, et que le monde leur donnera lui-même, rendant ainsi comme un involontaire hommage aux vertus qu'ils pratiquent, et dont il est l'expression et l'image.

Quant à la grande question des vœux, notre Bienheureux connaissait trop la nature humaine pour ne pas redouter ses entraînements. Il n'eut qu'à leur montrer la nécessité d'éprouver leur vertu, et d'apprendre du temps à distinguer les désirs qui naissent à la surface de l'âme de ceux qui viennent de ses profondeurs, et il fut décidé qu'on formerait pour trois ans seulement, en attendant de la Providence de les rendre perpétuels, les trois grands vœux de pauvreté, de chasteté, d'obéissance, et un quatrième vœu non moins solennel et non moins héroïque, le vœu d'enseigner gratuitement les enfants.

La voilà, mes Frères, dans ses premiers fondements, cette admirable constitution qui a déjà duré deux siècles, et porté sans fléchir à travers les écueils, les persécutions et les ruines l'Institut dont elle est la base. Constitution douce et forte, comme tout ce qui vient de Dieu ici-bas, pour le gouvernement des âmes, et où tout est si sagement, si divinement pondéré, équilibré, adapté à tous les devoirs comme à tous les besoins. Ah ! il faudrait voir dans les détails le règlement d'une journée de Frère. Le Frère est avant tout un homme de prière, parce qu'il est en même temps un homme de travail, et d'un travail ingrat et dur, un ouvrier, si vous le voulez, non, disons plus exactement un laboureur d'âmes qui, du matin au soir, et tous les jours, a pour sa tâche personnelle de défricher, d'ouvrir des sillons, de semer de bons grains. Il n'y a que la moisson qu'il ne fait pas, laissant à la famille, à la société, à la Religion, sans regret pour lui-même, la joie de recueillir les fruits de son labeur et de son dévouement. Et pourtant, bien souvent avant l'aube, et en toute saison, à quatre heures et demie du matin, il est debout, et sa journée ne finit qu'à neuf heures du soir ! Quatre heures de prière, sept heures de classe, sept heures de sommeil, deux heures d'étude, le reste, le peu qui reste, pour les repas et les récréations, où la pensée de Dieu devra encore dominer toutes les pensées. Que vous semble de cette vie, mes Frères ? Ah ! si austère qu'elle apparaisse, vous n'y trouvez cependant indiquée aucune mortification corporelle, et je le crois bien ! L'Institut des Frères est une milice, dont rien ne doit gêner ni l'activité, ni l'ardeur, ni les mouvements, et la mortification est surtout dans cet esprit de pauvreté et d'obéissance qui fait de la vie une perpétuelle immolation. Là, tous les jours la volonté de l'homme est offerte en sacrifice à Dieu. La volonté de Dieu est la fin dernière de l'Institut des Frères.

Encore une fois, le voilà tel qu'il est sorti des mains de la Salle. Mais l'œuvre, mes Frères, vous l'entendez bien, n'eût pas été complète, sans la fondation même de l'enseignement, et la législation de l'école primaire.

L'éducation ! ah ! l'éducation n'est pas une œuvre de délassement et de loisir. C'est une opération si délicate et si complexe ! J'en aurais fait volontiers l'objet unique de ce discours, et je ne peux en parler qu'en courant. Y avez-vous pensé, mes Frères ? L'âme d'un enfant, d'un enfant du peuple surtout, est à peu près vide, quand elle est confiée au maître d'école. C'est donc là, à l'école, qu'il recevra les idées, les notions qui plus tard contribueront à former son caractère, à éclairer sa conscience, à régler sa conduite, à lui donner le rôle qu'il jouera dans le monde. O pères et mères chrétiens, comprenez-vous le prix, la grandeur, l'importance de la mission que vous donnez aux maîtres, aux premiers maîtres de vos enfants ?

Il y a ici deux choses, deux parties bien distinctes dans cet art divin de l'éducation : les idées et les procédés, l'enseignement et la méthode. Eh bien ! disons le hautement, dans les écoles du Bienheureux de la Salle, l'enseignement religieux est toute la substance de l'éducation. On le trouve à la base, on le voit encore au couronnement. La religion ! Ah ! oui, l'on aura beau dire et beau faire, la religion ! sans elle on ne fera jamais un homme ! Or, dans la religion, il y a les croyances, mais il y a aussi les pratiques. Les pratiques religieuses, dans nos écoles, c'est simplement la récitation et l'explication des prières. Et, mes Frères, avez vous jamais réfléchi à la substance profonde contenue dans ces simples formules que l'Eglise met sur nos lèvres pour la prière ? On les proscrit aujourd'hui, et on ne voit pas qu'on proscrit avec elles toutes les sciences humaines et divines ! On les proscrit, et par quoi les remplacera-t-on ? O décadence d'un peuple qui fut grand !

Le catéchisme n'est que le développement logique de la prière. Et c'est pourquoi, la prière proscrite, le catéchisme devait l'être à son tour. Le catéchisme, cette science que nos esprits étroits et fermés ne peuvent plus comprendre, savez-vous au fond ce qu'il est ? Ah ! ce qu'il est, je n'aurai pas peur de le dire, une sorte d'encyclopédie universelle qui tient en quelques pages, et dont chaque mot est éblouissant de lumière. L'histoire d'abord y est racontée tout au long. Puis la philosophie y vient à son tour, non pas seulement poser des questions, mais donner des réponses, oui, des réponses, entendez-vous ? assez claires pour être comprises de tous, assez hautes et assez profondes, pour que l'esprit humain n'en puisse jamais atteindre la limite. Et enfin où trouver ailleurs un code de morale plus complet, plus précis, plus pratique, plus capable d'assurer la paix des consciences, des familles et des etats? Ah! que sont, mes Frères, auprès de ces vérités nécessaires, les sciences misérables dont on prétend remplir maintenant l'esprit de nos enfants?

Passons sur tout le reste. Après la religion, le programme du Bienheureux ne négligeait rien de ce que doit connaître l'enfant. Mais l'éducation est le complément, le charme, le relief d'une instruction solide. Sans doute, il faut donner la science à l'enfant; sans doute, il faut surtout le former au bien; mais il faut aussi lui apprendre les bonnes manières qui sont comme la menue monnaie des vertus. Le Bienheureux le sentait si bien, l'avait si bien compris, lui, nature d'élite, qu'il ne dédaigna pas de rédiger lui-même pour ses chères écoles un manuel de la *civilité chrétienne*. Grave et charmant petit volume, ne ressemblant en rien à cet ensemble de formalités mondaines qui sert de livrée aussi bien au vice qu'à la vertu, il fut trois fois réimprimé de son vivant, et il nous reste pour nos enfants, non seulement comme un modèle de charité évangélique et de bon sens, mais comme une leçon vivante de respect et de bienséance, de dignité et de bon ton.

Je ne puis tout dire, et il faut pourtant aller jusqu'au bout de cette merveilleuse création. Le programme d'une école n'est que la moitié de l'enseignement. L'autre moitié se compose des procédés en usage pour faire entrer les notions dans l'esprit souvent paresseux, et tout au moins léger et insouciant des enfants. Or, c'est ici que brille dans sa magnifique simplicité la méthode du Bienheureux de la Salle. Dispensez-moi des détails: je serais infini. Le maître est là souvent dans une classe qui renferme plus de cent enfants. Comment sa voix va-t-elle dominer leurs voix, et comment sa poitrine pourra-t-elle suffire à ce labeur terrible, non pas d'un jour, mais de toute la vie? O surprise, mes Frères! le maître se taira, et il dominera les enfants par son silence. Un instrument de bois suppléera ses poumons, et *le signal* mettra simplement en communication le maître et les élèves.

Ah! c'est le propre des œuvres de génie de paraître simples, et de produire de grands effets par de petits moyens. Mais les intelligences sont inégales, et le temps est court. Aussi, mon Dieu! quelles lenteurs dans le développement des esprits, si de ces heures trop rapides l'on ne peut donner qu'une parcelle à chacun! C'était avant la Salle la seule méthode connue. Le Bienheureux imagina l'enseignement simultané. La classe alors ne serait plus une série de répétitions isolées, mais une opération unique faisant converger tous les esprits à la fois vers le même but. C'est le premier caractère de la méthode Lassalienne. L'enseignement mutuel, qu'un antagonisme de secte voulut plus tard lui substituer, n'a pu coûter à ses prétendus inventeurs d'autre tourment d'esprit qu'un humiliant aveu d'impuissance et de stérilité : car il sortait de la méthode de la Salle, dans ce qu'il a de véritablement pratique, comme un fruit de sa fleur, et la fleur de sa tige.

Son second caractère est dans la classification. Chaque science se subdivise en une série de parties hiérarchisées, suivant leurs difficultés respectives, de telle sorte qu'on ne passe à la plus difficile qu'après avoir parcouru les plus aisées. Et ici, que d'ordre et de soins ne faudra-t-il pas ! Quelle main à la fois délicate et ferme pour empêcher qu'il n'y ait dans la classe des retardataires ! Mais aussi quelle attention et quelle surveillance sont commandées au Directeur ! Que d'examens, d'inspections, de visites périodiques pour donner à tout classement la garantie qui le rend à la fois plus solennel et plus mérité ! Admirable organisation qui nous semble aujourd'hui si simple et si naturelle ! L'état, en l'imitant, l'a transportée dans l'enseignement secondaire, il ne l'a pas perfectionnée. Non, la législation universitaire est calquée simplement sur ce modèle, et l'université, dans son fonctionnement, n'est que la copie de l'Institut des Frères des écoles chrétiennes.

Et tous ces procédés d'éducation, inconnus avant lui, aujourd'hui appliqués et suivis partout, le Bienheureux les avait indiqués dans un tout petit livre qui a pour titre : *Conduite des écoles chrétiennes*, et qui est demeuré le guide, le *Vade mecum* de tout Frère qui tient une école. Ah ! je le reconnais, ce tout petit livre, il est le fruit d'une sagesse plus qu'humaine, d'une sagesse inspirée et divine, et avec quel profit ne serait-il pas lu, et surtout médité par nos pères de famille, si enclins, malheureusement à se désintéresser de l'obligation la plus grave, la plus solennelle de leur vie ! Car s'il est resté longtemps manuscrit, depuis longtemps aussi il est publié, et je tiens à le dire à l'honneur de nos presses catholiques avignonaises, c'est à Avignon qu'en fut imprimée la première édition, en 1720, sans nom d'auteur, avec son humble titre, et cette gracieuse vignette symbolique : deux anges ailés, anges gardiens des écoliers du Bienheureux, se donnant la main, et portés tous deux par un séraphin qui est lui-même l'Ange de la science.

Voilà, en substance, l'œuvre tout entière : la création de l'enseignement primaire, et la fondation de l'Institut des Frères pour le donner et le propager dans le monde entier. Voilà aussi, mes

Frères, le plus puissant instrument, je ne dis pas seulement de notre civilisation, mais, quand hélas ! du midi au nord, du couchant à l'aurore, tout prestige, toute autorité, toute grandeur morale semblent perdus pour nous, oui, voilà encore, voilà surtout l'instrument de notre influence française sur tous les peuples de l'Univers.

Quel génie et quel bienfaiteur de l'humanité que le Bienheureux de la Salle ! Mais il y a ici plus que l'œuvre d'un homme, d'un génie et d'un bienfaiteur. O Frères des écoles chrétiennes, frères bien-aimés, ses disciples et ses enfants, ah ! nul ne le sait mieux que vous, il y a surtout l'œuvre d'un saint. Car, c'est aux mêmes sources que vous allez puiser vous-mêmes pour continuer sur la terre cette œuvre sublime, et la porter toute jeune encore et toute vierge jusqu'aux extrémités du monde.

Il me reste, mes Frères, à vous montrer brièvement le saint.

III

Vous connaissez maintenant l'œuvre du Bienheureux, sinon dans le détail des institutions qu'elle embrasse, au moins dans son ensemble et dans ses grandes lignes. Jetons sur elle un dernier regard, et contemplons-la une dernière fois dans ce qui fut son origine, et devait rester le trait vraiment caractéristique de sa physionomie : *l'évangélisation des pauvres*. Jésus-Christ l'avait donnée, avec ses miracles, comme une des preuves les plus éclatantes de sa divinité : *Mortui resurgunt, pauperes evanzelisantur*.

Les apôtres devaient recueillir la leçon, et la laisser après eux comme un droit à la fois et comme un devoir de l'apostolat catholique. Aussi l'Eglise en a-t-elle fait son œuvre de prédilection, et par ses évêques, par ses prêtres, par ses chapitres, par ses monastères, par les décisions et les impulsions souveraines de ses conciles, n'avait-elle cessé d'y travailler depuis seize siècles. Mais à ce moment, et après avoir dépensé tant de forces pour elle, malgré la Renaissance, ou peut-être même à cause du mouvement exclusivement littéraire et scientifique imprimé à l'esprit humain, une ligue formidable, inspirée par le protestantisme et renforcée bientôt par le jansénisme et le philosophisme, se formait, qui menaçait d'entraver son action, en attendant la révolution qui allait la proscrire. Heureusement, jamais Dieu n'intervient plus puissant et plus tendre, que quand tout semble sur le bord de l'abime. C'est alors qu'il fit choix du Bienheureux la Salle pour incarner en lui un suprême et triomphant effort de l'Eglise, et mettre sur son œuvre comme sur sa personne le signe évangélique de sa vertu divine : *Pauperes Evangelisantur*.

Mais les saints ne sortent pas tout d'une pièce, et comme tout formés aux desseins de la Providence. Pour que Dieu les emploie, il faut auparavant qu'ils se soient trempés dans la prière, dans l'humilité, dans le sacrifice.

Non, mes Frères, les saints ne font rien sans prier. L'âme qui prie a toujours Dieu présent, et aussi bien, sous le regard de Dieu, elle voit mieux les choses, elle voit de plus haut, elle voit plus loin, et dégagée des choses personnelles qui troublent si souvent le regard de l'esprit, elle se sent appuyée sur Dieu, et c'est assez pour qu'elle s'ouvre à la confiance. La hardiesse même lui vient, puis l'énergie, puis la patience, et avec ces vertus elle peut presque tout.

Or, Jean-Baptiste de la Salle fut avant tout un homme de prière. Vous vous rappellerez sa piété angélique dans son jeune âge. Il ne s'en départit jamais, et c'est dans la prière, dans une prière incessante, qu'il trouva le secret de ces perpétuelles victoires remportées sur lui-même, sur ses disciples, sur ses ennemis. Il priait le jour, il priait la nuit, sa vie n'était qu'un long entretien avec Dieu. Et que de fois jaloux du sommeil qui venait l'interrompre, il en raccourcissait la durée. Il se couchait à terre, ou sur une chaise, et souvent encore il coupait par des oraisons prolongées ce court et fatiguant repos. Aussi toujours la cloche du matin le trouvait debout le premier, sans que son visage laissât voir aucune trace des fatigues de la nuit.

Puis, mes Frères, les saints ont quelquefois de ces pratiques, de ces inspirations, de ces attraits qui étonnent d'abord la pensée, mais qu'on admire ensuite et qu'on glorifie, quand on s'en explique la mystérieuse singularité. Ainsi, notre saint, quand il était encore à Reims, avait pris l'habitude de se faire enfermer, la nuit du vendredi, dans l'église de S. Remi, et là, au milieu du calme profond que ne troublait pas même le doux murmure de sa prière, il allait répandre son âme sur le tombeau du saint. Mes Frères, avez-vous compris le besoin de cette âme, et le secret de ses effusions ? Ah ! sa mission était-elle donc sans analogie avec celle du saint évêque ? Et n'était-il pas appelé, lui aussi, à enseigner la doctrine chrétienne à des âmes barbares, à ce peuple ignorant qu'une révolution allait couronner roi, mais qui, hélas ! ne saurait pas, comme Clovis, demeurer fidèle aux leçons de l'Eglise ?

Ah ! notre Bienheureux avait trop besoin de lumière et de force, et où les aurait-il cherchées autre part qu'en Dieu ? Non, les racines de son âme étaient en quelque sorte plongées dans l'oraison, et ses œuvres extérieures n'étaient que les fruits apparents d'une vie cachée, beaucoup plus active que celle du dehors. Qu'importe que ses ennemis l'accusent alors de négliger le gouvernement de son Institut? Ah! il sent bien dans ses profondeurs qu'il ne saurait jamais s'en occuper d'une manière plus efficace. Car c'est dans la prière, uniquement dans la prière qu'il va puiser cette merveilleuse sagesse avec laquelle il réussit à fonder une œuvre, la plus délicate, la plus difficile et, grâce à la rosée divine que la prière fait chaque jour descendre sur elle, la plus durable et la plus prodigieusement développée de notre siècle.

O Frères des écoles chrétiennes, voilà le modèle! La prière met en communion avec Dieu, et quand Dieu est pour nous, quand il est avec nous, qu'aurions nous à craindre? La prière est l'arme des saints, l'arme puissante, souveraine invincible: *petite et accipietis.* Avec elle rien n'est impossible. Mais pour qu'elle prenne son essor divin, et soutienne son vol à travers les ombres des épreuves et des défaillances, il faut à la prière des ailes, et la première aile de la prière, c'est l'humilité: l'humilité qui a pour signe extérieur et pour caractère infaillible l'abnégation de la volonté propre et la soumission aux moindres volontés divines.

Depuis le Golgotha, c'est l'histoire adorable de tout ce qui s'est fait de grand dans l'humanité: *Infirma mundi elegit Deus, ut confundat fortia.* Dieu ne se sert que de ce qui est faible pour triompher de ce qui est fort. Qu'importe que dans ces luttes contre les puissances conjurées du mal, l'homme n'apporte qu'un bras de chair, fragile comme tout son être? Dieu n'est-il pas la force, mes Frères, la force à laquelle tout cède et rien ne résiste?

Aussi la vie de notre Bienheureux n'est qu'un acte perpétuel, ininterrompu d'humilité. Ah! il avait commencé dans le sanctuaire de la famille, puis sous la direction du chanoine Roland, cette vie cachée, cette vie humble qui fut sa ressource, sa grande ressource contre toutes les contradictions, et le rendit maître de lui-même.

Voyez-le aux prises avec les premières difficultés: les plus amères critiques du monde ne parvinrent jamais à le décourager; elles lui furent plutôt une leçon, et il apprit d'elles à reviser toujours les vains arrêts des hommes au tribunal suprême et vraiment souverain de Jésus-Christ et de la conscience. Avec quel sens chrétien, et quelle dignité sereine il sut de bonne heure sacrifier la partie extérieure de sa personne aux soins plus délicats de son intérieur! Dès qu'il fut maître de régler sa conduite sur le modèle de Nazareth, il ne fit plus usage pour ses vêtements que des étoffes les plus communes; et dès qu'il eut formé sa petite communauté, il adopta pour lui l'habit qu'il a transmis à tous ses enfants avec l'héritage de son esprit et de ses vertus. Sa robe de serge grossière deviendra l'objet des risées, ou même des huées publiques. On poussera l'insolence de l'injure jusqu'à lui jeter de la boue au visage, il ne répondra aux outrages que par la patience et par la douceur. Un jour qu'il avait remplacé à l'école un Frère malade, il est hué, souffleté dans la rue, et ces affronts durent un mois, sans que personne prenne sa défense, sans qu'il songe lui-même à se plaindre. Et ce n'est encore que le trop plein du calice : Avide d'obéir comme le dernier de ses Frères, et d'humilier de plus en plus en lui l'orgueil de l'esprit, il se démet un jour de sa charge, et il ne faut rien moins que l'autorité de ses supérieurs ecclésiastiques pour l'obliger à la reprendre. Mais plus heureux, à Paris, qu'il ne l'avait été à Reims, il a plus tard cette fortune inattendue, ce bonheur étrange de se voir déposer par son saint archevêque, trompé hélas ! et à la fin soulevé contre lui. Sa joie en est si grande, qu'il n'est pas seulement le premier à courber la tête, non, il promet encore et il se charge d'apaiser lui-même l'indignation de tous ses Frères.

Puis, ce sont des procès sans cesse renaissants, que lui font à Paris les maîtres écrivains, les maîtres d'écoles, des prêtres vénérables, ses anciens protecteurs, restés ses amis, mais illusionnés, ceux-ci par des considérations personnelles, ceux-là par des vues différentes des fins providentielles de l'œuvre. Et ces divergences, ces injustices, ces persécutions lui infligent successivement toutes les humiliations publiques. Il se voit condamné devant toutes les juridictions. On le fera même passer pour un voleur. Il a tous les moyens de se justifier et de confondre l'imposture. Il préfère garder le silence et il s'éloigne comme un coupable. A Marseille, de nouvelles humiliations l'attendent. A Mende, ses propres enfants l'accueillent avec des outrages, il est obligé d'aller demander un asile dans un couvent de capucins, et là, de recevoir l'aumône d'une pieuse dame.

A la fin, pourtant, voyant ainsi toutes ses entreprises traversées, il sentit la tristesse envahir son âme, et se prit à douter, non que son œuvre fut bénie de Dieu, mais qu'il fut lui-même l'instrument qui devait l'accomplir. Il était venu à Grenoble, et de Grenoble, à travers ces grandes et sombres montagnes que les austérités et les prières de saint Bruno ont rapprochées du ciel plus que leurs cimes gigantesques, il s'était rendu dans les solitudes profondes de la Grande Chartreuse. Les saints, mes Frères, ont de ces heures d'angoisse. Dieu et les hommes semblent à la fois les abandonner, et de quelque côté qu'ils se tournent, l'appui leur manque. Jésus-Christ lui-même n'a-t-il pas eu sa nuit d'agonie? Mais quand ils ont ainsi senti leur néant, ils se relèvent plus humbles, et leur prière qui s'exhale encore dans l'humiliation ne monte que plus haut vers Celui qui juge les hommes, non point d'après ce qu'ils ressentent, mais d'après ce qu'ils font. Dans le profond sentiment de son insuffisance, il essaie encore une fois de résigner le gouvernement de son Institut. Mais ce n'est pas l'heure de la Providence, et il faut attendre, dans la soumission la plus humble, que jugeant son œuvre achevée ici-bas, elle lui donne enfin un successeur. Alors retiré dans sa chère maison de Saint-Yon, il s'occupe dans la retraite de mettre une dernière main aux constitutions de son Institut, et d'en préparer l'approbation à Rome. Mais là même, il s'est souvenu du dénûment de Bethléem, et s'est choisi, près de l'étable, la cellule la plus délaissée. Puis, malade, se traînant à peine, on lui donne un Frère pour l'assister. Mais ce Frère, d'humeur inquiète, l'accable tantôt de paroles grossières, tantôt des reproches les plus amers. Enfin, pour que sa couronne ressemble pleinement à celle de son Maître, deux jours avant sa mort, l'archevêque de Rouen lui retire lui même tous ses pouvoirs sacerdotaux comme à un prêtre indigne. C'est le dernier fleuron à son diadème d'opprobre; rien ne manque plus à l'humiliation; notre Bienheureux peut mourir dans les embrassements de Jésus! Il est bien vraiment le grain de sénevé, mais, selon la promesse de l'Evangile, devenu aujourd'hui ce grand arbre qui étend ses branches sur toute la terre.

Ah! c'est que la prière de l'homme qui s'humilie perce le ciel. Non, rien n'est refusé aux cœurs humbles. L'humilité ouvre le sein de Dieu sur sa créature. Et quand cette créature bénie joint encore à l'aile de l'humilité, celle du sacrifice, de l'expiation, de la souffrance volontaire, oh! alors c'est Jésus-Christ même, le souverain médiateur, qui s'unit à elle visiblement et lui permet de dire avec lui cette divine prophétie de l'avenir: *Cùm exaltatus fuero à terrâ, omnia traham ad me ipsum*: Moi aussi, quand j'aurai été élevé de terre, j'attirerai tout à moi. O vous, les dignes et bien-aimés fils du Bienheureux de la Salle, si nous traversons des temps malheureux, s'il vous faut porter, comme lui, les épreuves de la justice opprimée, cette suprême leçon de votre Père est bien faite aussi pour vous donner courage et nous inspirer à tous la confiance.

L'âme des fondateurs est comme le moule de leurs instituts. Le premier soin du Bienheureux de la Salle avait été de vaincre en lui la chair et le sang. Ce fut sa grande préparation à la mission que Dieu lui réservait. Il portait ordinairement un cilice dont les aiguillons le forçaient à chaque instant à la patience, et bannissaient de sa vie cette molle quiétude, où le péché prend si souvent naissance. Sur ses reins une ceinture de cuir, avec des pointes tournées en dedans, tenait ses sens captifs, et enfin de fréquentes disciplines achevaient de réduire son corps, ce corps hélas ! qui devient notre maître, s'il n'est pas notre esclave. Le Bienheureux de la Salle sortait de sa chambre, la chair ensanglantée, mais l'âme joyeuse, libre, céleste, toujours prête au travail et au sacrifice. Ne nous récrions pas : c'est la loi même de notre nature déchue : il faut que l'homme sente l'aiguillon de la douleur, s'il ne veut pas sentir l'aiguillon du plaisir. « Si un homme ne vous rend pas le son du sacrifice, écrivait Lacordaire avec son grand et beau langage, quelle que soit la pourpre qui la couvre, détournez la tête et passez : ce n'est pas un homme ! »

Qu'importe désormais à notre Bienheureux que, pour sauver son Institut, et fonder des écoles pour les pauvres, il faille souvent, à Paris, manquer du pain de chaque jour ? Qu'importe qu'à Rouen il faille d'abord vivre de privation ou, pour mieux dire, se voir réduit à la plus extrême misère, manquant de tout : de vivres, de linge, d'habits, travaillant toujours et exposés encore à tous les mauvais traitements ? Dieu seul, mes Frères, a pu savoir tout ce qu'ont souffert, pendant les vingt cinq premières années de la fondation, ces martyrs volontaires de l'enseignement chrétien. Quant au Bienheureux, personnellement en proie à de nombreuses infirmités, il supportait ce surcroit vaillamment, sans en laisser rien transpirer au dehors. Il tomba malade et fut administré. Mais il ne mourut pas. Non, Dieu le réservait à d'autres travaux, ou plutôt à d'autres douleurs.

Avec les souffrances du corps, il devait encore et surtout connaître les souffrances bien plus douloureuses du cœur et de l'âme. Quel déchirement pour lui, en apprenant coup sur coup la maladie et la mort de son Frère l'Heureux, cet autre lui-même, qu'il préparait en même temps au sacerdoce et à sa succession, et que le Bienheureux retournant à Reims avait laissé à la tête des écoles de Paris ! Ce fut pour lui la plus vive de toutes les douleurs. Mais ce fut aussi comme un trait de lumière, une leçon de la Providence qui voulait exclure, dans l'Institut, tout mélange de prêtres et de Frères.

Où le verre se brise le, fer se trempe. Le Bienheureux avait désiré s'établir à Paris, et c'était, en effet, le dessein de Dieu, le centre désigné par sa divine Providence. Au début, tout y fut heureux. L'enseignement donné par les Frères porta ses fruits, et ce qu'il excita d'abord, ce fut l'admiration, en attendant hélas ! les jalousies, les injustices, les calomnies si pressées toujours d'élever leurs ombres. Ne faut-il pas, d'ailleurs, que l'âme des Saints soit martelée par la contradiction ? Le Bienheureux n'en continua pas moins son œuvre en silence. Mais un moment vint où tout sembla perdu. Il fallut soutenir cette longue série de procès et de condamnations qui mit tout en péril. Humainement il n'y avait plus qu'à fermer les écoles et à s'en aller. Mais les desseins de Dieu étaient tout autres, et malgré les hommes, malgré les haines et les persécutions, l'œuvre ne s'arrêtait pas, la Province lui adressait les plus touchants appels ; Avignon, notre cher Avignon, par l'autorité même du Vice-légat et par la bouche de Mgr de Gontéry, cette douce figure d'évêque, comme la Providence, semble visiblement les faire pour nos cœurs, à l'image de Jésus-Christ, revivant ainsi au milieu de nous, Avignon appelait dès lors les Frères dans nos murs, et dès lors aussi les entourait de cette sympathique estime qu'aucun nuage n'altéra jamais. Et dans Paris même, notre Bienheureux avait pu enfin établir à Vaugirard son noviciat. Il est vrai que le lendemain de nouvelles épreuves vont l'obliger à le transférer au faubourg S. Antoine, mais c'est encore le dessein providentiel. Là, notre Bienheureux peut ouvrir des classes dans les quartiers les plus pauvres, puis il crée des écoles dominicales pour les ouvriers, enfin il y fonde pour les Irlandais fugitifs son premier pensionnat.

La persécution n'a pas désarmé, il faut encore transporter le noviciat de la ville à la campagne, et, à la fin, fermer cette école de S. Sulpice, la première fondée dans Paris et qui avait été si prospère. Partout en butte aux préventions, à la haine, au mépris même, le Bienheureux se vit enfin contraint de quitter Paris, et de transférer à Rouen cet humble et cher noviciat transplanté déjà tant de fois, et qui semblait ne pouvoir trouver nulle part une terre hospitalière.

Ainsi toujours la croix, mais la croix fécondante ! Ah ! il faut la bénir ! Car c'est au milieu de ces contradictions que les écoles chrétiennes se multiplient par toute la France et que le Bienheureux obtient enfin à Rome une école du Pape. Qu'il se console donc et qu'il rende grâces ! Il est enfin sous l'œil du chef de l'Eglise. C'était son ambition, son unique ambition, elle était légitime, et manifestement Dieu l'y avait conduit. Le Docteur suprême jugera son œuvre et tout sera fini !

Mais lui, ah ! lui n'en a pas fini avec la croix ! La plus cuisante de toutes les douleurs, pour un père, c'est de se voir trahi par ses propres enfants. Il l'a été, et de bonne heure, et trop souvent pendant sa vie ! Ah ! que de fois, et en combien de manières, il a du boire cette amertume dans le calice de l'agonie du Christ !

La croix ! Toujours la croix ! Il devra la porter jusqu'à la dernière heure ! jusqu'à la suprême parole du prêtre qui lui apporte avec le viatique le divin délaissé du Calvaire ! La croix enfin jusqu'à son dernier souffle, jusqu'au dernier battement de son cœur, de ce cœur immolé qui a tant aimé Dieu et tant servi les pauvres !

Il est mort le Vendredi-Saint. Comme son Maître, il est mort sur la croix ; comme son Maître il a tout pardonné en mourant ; et comme lui encore, une fois dans la tombe, il a vu la lumière, la grande lumière de la résurrection dans la divine expansion de son œuvre.

Sa sainteté fut proclamée dès le jour même de sa mort. Le saint est mort ! Le saint est mort ! s'écria-t-on de toutes parts. Et voilà qu'aujourd'hui, après deux cents ans de pieuse et solennelle attente, ratifiant les acclamations populaires, l'Eglise, par l'organe infaillible de la Papauté, le proclame elle-même, lui dresse des autels, et nous invite tous, dans la reconnaissance et dans l'action de grâces, à crier vers lui du fond de nos âmes : O Bienheureux Jean-Baptiste de la Salle, priez pour nous !

Auguste Pontife, qui faites à cette heure le désespoir de tous vos ennemis, et l'étonnement même de vos propres enfants, toujours debout au milieu des orages, dominant les flots, commandant aux vents, enchaînant les tempêtes toujours près d'éclater, honoré des rois et des peuples jusqu'aux extrémités de la terre, attirant à vous, par l'éclat de votre sagesse peut être autant que par le prestige de la Papauté, les nations qui accourent des climats les plus lointains, et vous apportant des présents saluent en vous le Christ-Roi, ah ! au milieu de cette explosion universelle, de ces émotions, de ces splendeurs et de ces éblouissements, votre âme est toute au ciel : de là vous viennent vos lumières, là sont vos armes invincibles, et quand le monde est à vos pieds vous demandant sa route à travers les ténèbres, vous, d'accord avec la Providence, vous jugez le moment venu de nous révéler le secret de votre confiance ; vous nous montrez au ciel un trône, et sur ce trône un humble prêtre, le glorieux père de ces milliers d'évangélisateurs des pauvres, des petits et des humbles, toujours prêts, toujours armés dans la prière, l'obéissance et le sacrifice, pour la pacifique croisade de la régénération sociale des peuples par l'enseignement de la doctrine chrétienne ! Ah ! vous n'avez pas seulement la science abstraite des principes, des vérités et des doctrines, non, avec l'Esprit Saint dont vous êtes sur la terre le confident et l'organe, vous avez encore la science pratique des applications, des opportunités et de la conduite !

Grâces vous soient donc rendues, ô Pierre ! Et grâces soient rendues aussi au bien-aimé Père de cette chère Eglise d'Avignon, dont l'âme a tressailli, et tressaille encore aujourd'hui en se faisant auprès de nous le solennel et fidèle écho de votre parole infaillible !

Et vous, Bienheureux de la Salle, du haut du ciel, priez pour nous !

En vous s'est accomplie cette grande prophétie de Daniel : *Ceux qui enseignent la justice aux peuples brilleront comme des étoiles dans les perpétuelles éternités.* Obtenez à vos fils, à tous vos fils, si humbles, mais si dévoués, d'en voir aussi un jour avec vous, près de vous, comme vous, la magnifique réalisation. O spectacle ! L'Ange triomphant de votre Institut a pris son essor de la coupole de S. Pierre de Rome (1), et il vous a conduit, sur des nuées de gloire, devant le trône de Jésus-Christ. Mais déjà vos œuvres vous avaient précédé, et je vois des enfants, vos propres enfants, qui vous acclament dans la jubilation, le ravissement, la reconnaissance ! Ah ! que la joie est grande sur toutes les hauteurs du ciel ! Marie et Joseph, les célestes patrons de votre œuvre, et vos protecteurs tout le long de la vie, ne sont-ils pas là, à côté de Jésus, les premiers à se réjouir de l'éclat immortel qui brille déjà sur votre visage ? Et cette étoile symbolique qui se montre à peine, comme dans la crainte de troubler encore votre humilité, ô Bienheureux, la reconnaissez-vous ? Elle est toujours le signe de ralliement, le guide lumineux et sûr de tous vos disciples sur toutes les terres du monde ! Ah ! montez donc, montez plus haut : c'est Jésus-Christ même qui vous appelle, qui vous tend les bras, qui veut enfin vous presser sur son divin Cœur, et qui vous dit, en vous accueillant, cette parole si douce à entendre dans les splendeurs de l'éternité : Bon et fidèle serviteur, parce que vous avez aimé comme moi les petits enfants, entrez, entrez dans la joie de Votre Seigneur ! *Euge ! Euge ! Intra in gaudium Domini tui !*

Et maintenant regardez vers nous ! Ne nous oubliez pas, ah ! non, ne nous oubliez pas dans la gloire ! Car aussi bien, l'heure est solennelle, et votre prière est désormais toute puissante. Bienheureux de la Salle, priez pour nous ! Oui, priez, priez pour notre Mère, la sainte Eglise catholique, et pour le grand et immortel Pontife qui la gouverne, et donnez-nous de les voir ensemble au triomphe tant désiré et toujours si fermement attendu ! Priez, priez pour cette portion chérie du troupeau qui est là sous vos

(1) Allusion au ravissant tableau de l'apothéose du Bienheureux exposé au-dessus de l'autel de la Métropole, et qui offrait au regard, dans une sorte de vision céleste, comme le poème de l'Institut des Frères.

Imprimerie Aubanel frères, à Avignon.

BULLETIN DE DÉPOT. N° 720

Nous soussignés déclarons déposer deux exemplaires de l'ouvrage intitulé :

Souvenir du Triduum en l'honneur du B. J.-B. de La Salle les 15, 16 et 17 juin 1888

faisant trois *feuilles* 1/2 *format in-* 8°

tiré à 800 *exemplaires.*

Avignon, le 17 juillet 1888

Aubanel frères

yeux, et pour ce cher et vénéré père de nos âmes qui vous offre aujourd'hui avec tant de joie cette grandiose ovation ! Priez, priez pour la France, notre pauvre patrie terrestre si ingrate hélas ! et si malheureuse, mais toujours si chère ! Priez, priez pour nos bonnes familles chrétiennes, toujours si généreuses et si fidèles par leurs sacrifices à soutenir votre grande œuvre ! Priez pour tous enfin, pour nos enfants, pour nos maitres, pour nos écoles, ah ! oui pour les débris vivants encore de vos chères écoles ! Et soyez-en demain le restaurateur magnifique, puis le gardien, le protecteur et le défenseur à jamais !

Ah ! comme gage de votre protection, faites passer, ô Bienheureux, je vous en conjure, faites passer tous ces dons célestes par le cœur si aimant et la main, si riche elle-même de bienfaisance, du Pontife qui va nous bénir. Amen !

II

PANÉGYRIQUE

DU

BIENHEUREUX J.-B. DE LA SALLE

PAR M. L'ABBÉ DE TERRIS

ANCIEN VICAIRE-GÉNÉRAL DE FRÉJUS, CHANOINE HONORAIRE D'AVIGNON

Dilectus Deo et hominibus cujus memoria in benedictione est : similem illum fecit in gloria sanctorum.

Aimé de Dieu et des hommes, sa mémoire est en bénédiction : il a été rendu participant de la gloire des Saints.

(Eccli. xlv. 1).

Monseigneur (1),

Cet éloge que l'auteur sacré du livre de l'Ecclésiastique décerne à l'incomparable législateur du peuple hébreu, les traditions de la liturgie catholique l'appliquent à ceux des serviteurs de Dieu qui, sur un théâtre moins étendu, ont été à leur tour les docteurs et les législateurs d'une partie du peuple chrétien (2). A ce titre ne convient-il pas merveilleusement à celui que l'univers catholique honore aujourd'hui à l'invitation et à l'exemple de Léon XIII, ne convient-il pas au Bienheureux Jean-Baptiste de la Salle que notre ville d'Avignon, après Rome et en même temps que Rouen, Paris, Reims, Marseille et tant d'autres villes, célèbre à son tour avec un incomparable éclat.

Eh ! quoi de plus juste que d'honorer sur la terre celui que le ciel lui-même honore de toutes ses magnificences ! *Sic honorificabitur quemcumque voluerit rex honorare* (3). Venez donc,

(1) S. G. Mgr Vigne, archevêque d'Avignon.
(2) *Missale roman. Commune Abbatum.*
(3) *Esther* vi. 9.

venez tous fidèles vous ranger au pied de ces autels où la voix du chef de l'Eglise vient de faire monter Jean-Baptiste de la Salle. C'est notre fête à tous, tous aujourd'hui nous devons nous réjouir.

Prêtres, c'est notre fête, car Jean-Baptiste de la Salle est un des nôtres : c'est un fils de ce noble clergé de l'Eglise de France qui, au milieu de la tribu sacerdotale de l'Eglise universelle, brille depuis des siècles par la pureté de sa foi, l'éclat de sa doctrine et l'intégrité de ses mœurs. Nobles et riches de la terre, c'est votre fête, car Jean-Baptiste de la Salle vous appartient par sa naissance et par sa première éducation. Ses aïeux occupent les premières places de la magistrature de son pays et par une de ses alliances sa famille touche à cette illustre maison de Lorraine qui règne aujourd'hui sur l'Autriche-Hongrie (1). Mais c'est votre fête aussi, pauvres et délaissés de ce monde, car, à l'exemple de Jésus et pour se rapprocher davantage de vous, de riche qu'il était, la Salle s'est volontairement fait pauvre et mendiant. C'est votre fête, chers petits enfants dont les rangs pressés remplissent cette basilique et dont les voix innocentes donnent à la fête de ce jour sa plus touchante expression : *ex ore infantium perfecisti laudem*, car Jean-Baptiste de la Salle fut votre meilleur ami sur la terre et il est aujourd'hui votre glorieux patron dans le ciel. Enfin, c'est votre fête surtout, chers Frères de nos écoles chrétiennes, c'est une fête qui vous dédommage de bien des injustices et qui vous console de bien de tristesses, puisque c'est la glorification authentique et solennelle aux yeux de la France et du monde de votre père et par conséquent de l'admirable Institut auquel vous appartenez.

A l'une des époques les plus troublées de notre histoire, on vit un jour la France tout entière oubliant les discordes qui la divisaient se donner rendez-vous autour de la tombe et des autels de S. Vincent de Paul. Ah ! pourquoi, à quelque drapeau politique qu'ils appartiennent, tous les fils de la France ne se réuniraient-ils pas aujourd'hui autour des autels de cet autre élu de Dieu qui, à la sainteté et à la charité de Vincent de Paul joint la gloire incomparable d'être le véritable fondateur dans notre pays de cet enseignement primaire dont notre siècle est si fier ? Prêtres et fidèles qui m'écoutez, enfants dociles de l'Eglise, venez du moins à la voix de Léon XIII, vous édifier au spectacle des

(1) Louis de la Salle, père de notre Bienheureux, épouse en 1650, Moët de Brouillet, dont la sœur, Marguerite, se marie à la même époque avec le prince d'Apremont ; de ce mariage, Louise d'Apremont Moët, qui épouse le 4 novembre 1665 Charles IV, duc de Lorraine, tige de la maison de Habsbourg-Lorraine.

grandes vertus qui méritèrent à la Salle l'auréole des bienheureux et admirer les œuvres qu'il lui a été donné d'opérer.

Vous n'attendez pas de moi, mes Frères, que je vous fasse par le détail le récit de la vie de notre Bienheureux. Je sens trop qu'il dépasserait les bornes ordinaires d'un discours et peut-être celles de votre patience. A l'entreprendre d'ailleurs je m'exposerais trop à reproduire, sans aucun profit pour vous, c'est-à-dire en le défigurant, le tableau qu'une voix plus éloquente que la mienne a tracé hier avec tant de grâce, tant de magnificence et tant d'ampleur. Je préfère m'en tenir à une simple vue d'ensemble et, laissant de côté tout ordre chronologique, me borner à considérer en Jean-Baptiste de la Salle le saint qui travailla pour Dieu, l'instituteur qui travailla pour son temps, le fondateur qui travailla pour la postérité et mérita ainsi cet éloge que nous lui appliquions il n'y a qu'un moment : aimé de Dieu et des hommes sa mémoire est en bénédiction, et il a été rendu participant de la gloire des Saints. *Dilectus Deo et hominibus cujus memoria in benedictione est : similem illum fecit in gloria sanctorum.*

I

Que le monde glorifie le talent, le génie, les grands services rendus à l'humanité, c'est son affaire. Qu'il élève des statues au guerrier qui conquit des provinces, au tribun dont la parole de feu souleva ou apaisa à son gré les orages populaires, au savant modeste et bienfaisant dont les découvertes utiles répandirent l'aisance autour de lui, nous ne le lui contestons pas. Mais ne l'oublions pas, mes Frères, plus juste appréciatrice du vrai mérite, l'Eglise ne glorifie sur la terre que ce que Dieu couronne dans le ciel, la sainteté et rien que la sainteté.

Qu'importe aux yeux de Dieu, qu'importe aux yeux du chrétien qui n'envisage les choses qu'au point de vue surnaturel, le seul vrai parce qu'il est le seul immuable, qu'importe la gloire du conquérant, la gloire du savant ou de l'homme d'Etat, si elle n'a pas été accompagnée de la sainteté de la vie et des œuvres ? Si quelque jour Jeanne d'Arc et Christophe Colomb montent sur nos autels aux applaudissements de la France et du monde, ce ne sera pas parce que la première a chevauché à la tête des armées, électrisant les vieux soldats par sa bravoure, ce ne sera pas parce que le génie de Christophe Colomb a découvert un monde, ce sera parce que l'Eglise aura reconnu chez l'un comme chez l'autre de ces héros de la famille humaine les vertus héroïques qui seules font les saints.

Eh bien! mes Frères, Jean-Baptiste de la Salle méritait-il de venir s'asseoir à son tour au milieu de cette phalange de héros du monde moral que nous nommons les Saints? A cette question je pourrais me contenter de répondre avec S. Augustin : *Rome a parlé, la cause est finie.* Oui, Rome a prononcé : à la suite de ces longues et minutieuses informations qui constituent les procès de canonisation et qui durent des siècles, l'Eglise a reconnu que Jean-Baptiste de la Salle a pratiqué au degré héroïque les vertus qui font les saints; elle a prononcé sur la vérité des miracles dûs à son intercession et par lesquels Dieu manifeste sur la terre la sainteté de ses élus, et, en attendant le jugement infaillible de la canonisation que notre siècle, quoique sur son déclin, verra peut-être encore, l'Eglise a prononcé que l'on pouvait honorer Jean-Baptiste de la Salle du nom et des insignes décernés aux bienheureux. Vous en faut-il davantage, mes Frères, pour croire dans la sincérité de votre foi que la Salle est associé dans le ciel à la gloire des saints et des amis de Dieu ?

Que s'il ne nous suffisait pas de l'autorité de l'Eglise, si bon juge pourtant en matière de vertu et de sainteté, je vous dirais : Etudiez la vie de la Salle : interrogez ses contemporains, ses frères selon la chair, ses disciples devenus ses frères et ses fils selon l'esprit; interrogez ses ennemis eux-mêmes, car hélas! il eut des ennemis lui aussi, ce modeste et doux bienfaiteur des enfants et des pauvres, et de toutes ces voix vous recueillerez ce même témoignage : c'était un saint! Oui, un saint, cet homme dont la foi aussi pure qu'ardente resta docile aux enseignements de l'Eglise au milieu des lamentables défections du jansénisme, triste prélude des défections plus lamentables encore de la Constitution civile du clergé; un saint cet homme de prière qui passait chaque jour de longues heures prosterné dans la contemplation de son Dieu et que l'on voyait parcourir les rues des grandes villes en égrenant son chapelet pour invoquer la douce Vierge Marie qu'il aimait avec toute la tendresse d'un fils ; un saint, cet homme qui ne connut jamais les fausses joies du péché et qui mortifiait sa chair innocente par des austérités qui épouvantent notre lâcheté ; un saint, cet homme qui n'opposa jamais que la mansuétude à la violence et le pardon à l'outrage ; un saint enfin cet homme qui portait sur son visage, dans son maintien, dans sa démarche un reflet de sainteté qui frappait les plus indifférents eux-mêmes.

En voulez-vous une preuve? Je n'ai pas à la chercher bien loin ; je l'ai trouvée, avec une indicible émotion, je vous l'assure, consignée dans le riche dépôt de nos archives départementales qui touche aux murs de notre vieille métropole.

C'était vers le milieu du Carême de l'année 1712; M. de la Salle faisait la visite de ses établissements du Midi et il venait d'arriver à Avignon. Or, il se trouva que le Frère chargé de la petite classe étant tombé malade, le Bienheureux, ainsi qu'il avait coutume de le faire quand il manquait quelque maître, voulut lui-même le remplacer. Retenez bien ceci, chers petits enfants qui m'écoutez, et n'oubliez jamais que le Bienheureux de la Salle aimait tant les enfants de votre âge qu'il préférait mille fois faire la plus petite classe que de s'occuper du gouvernement même de tout son Institut; car les véritables amis, les meilleurs amis du peuple, voyez-vous, ce sont les saints.

Un jour qu'il avait conduit les écoliers entendre la messe à l'église des Grands-Augustins, les ayant laissés sous la garde du Frère Bernardin, il entre lui-même à la sacristie pour se préparer à célébrer les saints mystères. Sur ces entrefaites, un étranger, homme de considération, étant à son tour entré dans l'église et le voyant sortir peu après pour se rendre à l'autel, fut si frappé de l'air de piété et de modestie qui resplendissait sur toute sa personne, que s'adressant au Frère Bernardin il lui demande quel est ce prêtre qui se disposait à célébrer la sainte messe: « Ce prêtre, répond le Frère, c'est M. de la Salle; c'est le fondateur de l'Institut des Écoles chrétiennes. — Ah! s'écrie alors l'étranger, je l'avais bien pensé en le voyant, qu'il fallait que ce fût un grand homme de bien. »

Voilà, mes Frères, voilà l'impression que produisait Jean-Baptiste de la Salle en passant dans les rues ou en paraissant dans les églises de notre ville. Heureux enfants d'Avignon de l'an 1712, qui pendant quelques jours ont été les témoins d'une vertu qui éclatait ainsi aux yeux de tous! Plus heureux encore, chers enfants de 1888, qui honorez aujourd'hui sur les autels celui que vos pères regardèrent déjà comme un saint.

Et cette même impression, il la produit partout où il passe. Comme autrefois le divin Maître, une vertu s'échappe de sa personne et nul ne peut se soustraire à cette salutaire influence. Aussi, à peine a-t-il rendu le dernier soupir dans sa pauvre maison de St.-Yon, près Rouen, qu'un cri s'échappe de toutes les lèvres, des lèvres mêmes de ceux qui s'étaient montrés les plus hostiles à sa personne et à son œuvre: le saint est mort, le saint est mort. C'était la voix du peuple qui, préludant à la voix infaillible de l'Eglise, le canonisait par avance, à l'heure même où le Dieu qu'il avait si bien servi sur la terre, l'accueillait au seuil des parvis éternels.

O Bienheureux de la Salle, aimé de Dieu et des hommes, que votre nom soit à jamais béni; car, après les épreuves et les humiliations de la lutte Dieu vous a donné une gloire égale à celle des saints : *Dilectus Deo et hominibus : similem illum fecit in gloria sanctorum.*

Mais un saint n'est pas seulement un homme de Dieu, c'est-à-dire un homme de foi, un homme de prière, de mortification, et de bon exemple. A ces caractères généraux qui sont communs à tous les saints, l'esprit de Dieu qui divise ses dons à chacun comme il lui plaît, ainsi que nous l'apprend saint Paul, *dividens singulis prout vult*, joint pour chacun son caractère distinctif et spécial. Quel fut le caractère propre de Jean-Baptiste de la Salle ? Vous m'avez devancé, mes Frères, si je réponds qu'il fut essentiellement l'ami des petits, l'instituteur, le maître des enfants.

II

Les bornes restreintes dans lesquelles je veux me tenir pour ne pas abuser trop longtemps de votre attention ne me permettent pas, mes Frères, de développer devant vous le rôle magnifique que Dieu a voulu assigner à son Eglise dans l'instruction et l'éducation de l'enfance. L'instruction des enfants ! mais depuis S. Pierre jusqu'à Léon XIII, l'Eglise a-t-elle jamais négligé cette partie essentielle de la mission que lui confia son divin fondateur en envoyant ses premiers disciples instruire les nations ? *Docete omnes gentes.* L'Eglise a-t-elle jamais oublié les prédilections de Jésus pour les petits ? Aussi, écoutez-la depuis les temps apostoliques redisant à toute génération qui se lève ces grandes paroles du roi-prophète : Venez, enfants, écoutez-moi; je vous enseignerai la première et la plus nécessaire de toutes les sciences, je vous enseignerai la crainte du Seigneur : *Venite filii, audite me. Timorem Domini docebo vos* (1).

Ah ! malheur, malheur à qui voudrait arracher les enfants à ces étreintes maternelles ! Empêcher les enfants d'aller à Jésus alors qu'il les appelle comme il appelait autrefois les petits enfants de la Judée, mais n'est-ce pas encourir ce redoutable anathème du Dieu de l'Evangile ? « Malheur à celui qui aura scandalisé un de ces petits. En vérité, je vous le dis, il vaudrait mieux pour cet homme qu'on lui attachât une meule de moulin au cou et qu'on le jetât au plus profond de la mer. (2) »

L'Eglise, voyez-vous, peut supporter bien des persécutions et bien des injustices : elle se laissera traîner devant les tribunaux,

(1) Ps. XXXIII.
(2) Marc. IX. 41.

devant les tribunaux de la justice humaine, comme devant les tribunaux de l'opinion publique; elle se laissera dépouiller de ses biens; on emprisonnera, on exilera, on mettra à mort ses pontifes et ses prêtres. Peu lui importe au bout du compte, car, née dans le sang du Calvaire, nourrie aux catacombes ou dans les amphithéâtres de la Rome païenne, elle ne se développe jamais mieux qu'au souffle de la persécution. Elle a appris de son divin Maître à ne pas craindre ceux qui ne peuvent tuer que les corps. Mais si vous tentez de tuer les âmes qui lui sont confiées, les âmes rachetées par le sang de Jésus-Christ, si vous voulez lui arracher les enfants et les pauvres, les enfants sur le front desquels elle retrouve la trace chaude encore des baisers de l'Homme-Dieu, les pauvres, les délaissés, les moribonds, son plus précieux trésor, alors, semblable à une lionne à laquelle on arrache ses petits, l'Eglise qui est une mère, elle aussi, la plus tendre, la plus courageuse, la plus énergique des mères, l'Eglise fera entendre ces rugissements de douleur qui retentissent à travers les siècles et devant la majesté desquels la force elle-même s'incline un jour en y reconnaissant la toute-puissance du droit.

Aussi, mes Frères, ne vous étonnez pas de voir l'Eglise se plaisant à orner du nimbe de la sainteté le front de ceux qui bégayèrent les éléments de la science et de la religion auprès des petits enfants, aussi bien que celui des grands docteurs dont les écrits immortels honorent le plus l'esprit humain : ne vous étonnez pas de voir Joseph Calasanz ou Jean-Baptiste de la Salle associés à la gloire de Chrysostôme et de Thomas d'Aquin. Le Saint-Esprit l'a dit en parlant par la bouche du prophète Daniel : Ceux qui seront doctes brilleront de l'éclat du firmament, et ceux qui enseignèrent la justice aux nations resplendiront comme des étoiles aux siècles éternels. *Qui docti fuerint fulgebunt quasi splendor firmamenti ; et qui ad justitiam erudiunt multos quasi stellæ in perpetuas æternitates* (1).

Ah ! que j'aime à le voir resplendissant aujourd'hui de ce double éclat de la doctrine possédée et de la doctrine enseignée, cet astre qui vient de prendre place au firmament de l'Eglise. Voyez la Salle en cette année 1679 qui fut décisive pour lui et de laquelle datent ses rapports avec Adrien Nyel, l'homme de la Providence, qui le premier devait mettre notre Bienheureux dans la voie où Dieu l'appelait. Le grand règne de Louis XIV est à son apogée; mille intelligences d'élite gravitent autour du roi-soleil. La carrière des honneurs auxquels peut légitimement aspirer un jeune homme de son rang est largement ouverte à Jean-Baptiste.

(1) Daniel. XII, 4.

Chanoine de Reims, à l'âge ou les autres sont encore écoliers, il peut s'élever aux grandes dignités de l'Eglise. Docteur de l'illustre université de Paris, il pourrait tenir tête aux plus doctes dans les savantes disputes de la Sorbonne où l'on avait vu le grand Condé prêt à se mesurer avec le grand Bossuet. De quel côté tournera-t-il les efforts d'une intelligence naturellement vive et pénétrante, servie par ce jugement droit et ce rare bon sens qui font les hommes supérieurs ?

A Dieu ne plaise qu'il veuille des honneurs de ce monde, des honneurs même de l'Eglise ! Ces honneurs, s'il y jette un regard, c'est un regard de mépris, comme il est dit de S. Benoît : *aspexit et despexit.* Mais il regarde en même temps autour de lui ; il voit les pauvres enfants du peuple, croupissant dans l'ignorance et le vice comme des brebis sans pasteur : *Sicut oves non habentes pastorem.* Son choix est fait : quand se sera bien manifestée à lui la volonté de Dieu, qu'il a humblement cherchée dans la prière, on verra ce dignitaire de l'illustre Eglise de Reims se démettre de sa riche prébende, on verra ce jeune gentilhomme, ce docteur de Sorbonne s'entourer de quelques disciples aussi humbles, aussi pauvres que furent les premiers disciples de Jésus et consacrer quarante ans de sa vie, auprès de quelques enfants du peuple, au rude et obscur labeur de l'enseignement primaire. Le monde s'en étonne, sa famille le raille, chacun se scandalise et lui reproche sa folie. Oui, c'était de la folie, en effet, à envisager cette détermination comme l'envisageaient les grands seigneurs ou les petits abbés de la cour de Louis XIV ; c'était une folie sans exemple : mais c'est la folie de Jésus-Christ qui étant riche s'est fait pauvre pour nous enrichir de sa pauvreté ; c'est la sublime folie de la croix, scandale pour les juifs et les habiles de ce monde, comme dit S. Paul, mais autour de laquelle viennent se ranger les élus, la croix dont les bras étendus abriteront à leur ombre salutaire les innombrables générations de petits enfants qui durant de longs siècles viendront recevoir des lèvres de Jean-Baptiste de la Salle toujours vivant dans ses disciples les leçons qu'il donna lui-même de son vivant aux petits enfants de Reims, de Rouen, de Paris ou d'Avignon.

C'est que Jean-Baptiste de la Salle n'a pas seulement travaillé pour son Dieu ; il n'a pas seulement travaillé pour son temps : Dieu l'appelait à son insu a travailler pour la postérité la plus reculée. A la gloire du saint, à la gloire du maître d'école, je ne crains pas d'employer ce mot que Lacordaire et Montalembert revendiquaient avec fierté devant la chambre des pairs, il en joint une troisième, la gloire du fondateur d'un institut qui continue son œuvre à travers les siècles. C'est ce qu'il nous reste à voir en quelques mots.

III

Pas plus dans l'ordre moral que dans l'ordre physique, il n'y a de générations spontanées. Quand Dieu veut que sur une montagne s'élève un grand arbre dont l'ombre protectrice abritera les oiseaux du ciel, il choisit un terrain propice où le géant de la forêt étendra ses puissantes racines pour y puiser sa nourriture : puis il commande aux brises du ciel de transporter sur leurs ailes dociles un petit germe, qui tombant sur ce sol prédestiné croîtra, s'épanouira et grandira en son temps.

Il en est de même dans l'ordre moral : je dis plus, il en est de même dans l'ordre divin des œuvres de Dieu en son Eglise. Dieu prépare longuement ses œuvres, de même qu'il prépare les hommes qui doivent les accomplir, les faisant apparaître au temps et dans le milieu propres à féconder l'initiative qu'il leur inspire.

Je tiens à faire cette réflexion au moment où je vais envisager l'œuvre de Jean-Baptiste de la Salle par son côté le plus étendu et le plus merveilleux, je veux dire la fondation de l'Institut des Frères des Écoles chrétiennes, et pour cela je veux éviter de donner dans une exagération où l'on tombe trop facilement si l'on n'est pas un peu familiarisé avec l'histoire. Représenter Jean-Baptiste de la Salle comme un Christophe Colomb qui découvrit un monde inconnu, en s'apercevant que l'éducation des petits enfants avait été négligée jusque-là : dire qu'avant lui rien n'avait été fait, je ne dis pas seulement pour instruire les classes populaires, mais pour grouper en un faisceau les bonnes volontés de quelques âmes qui se sentaient attirées vers cette touchante mission de l'éducation des enfants du peuple, ce serait sortir de la vérité, ce serait faire injure à l'Eglise elle-même, sous prétexte de relever la gloire de celui qu'elle couronne aujourd'hui du nimbe des bienheureux.

Sans doute l'antiquité païenne, la sagesse des Platon et des Aristote n'avait guère songé aux enfants des ouvriers, des artisans et des pauvres. Aux siècles même les plus vantés du Paganisme, l'instruction était comme une denrée de haut prix, un objet de grand luxe auquel seules les classes riches ou aisées pouvaient prétendre. Mais docile aux leçons et aux exemples de son divin fondateur, « l'Eglise depuis seize siècles ne cessait de travailler à cette œuvre capitale. Elle y avait mis l'autorité de ses conciles, les leçons de ses chapitres, les trésors de son épargne, le zèle de ses évêques (1). » Ce ne serait pas seulement de l'ignorance, ce serait de la mauvaise foi que de vouloir contester avec l'école de la Révolution la salutaire influence qu'exercèrent au moyen-âge les écoles épiscopales qui s'élevaient à l'ombre de toutes les cathédrales, les écoles monastiques qui florissaient à l'abri des cloîtres répandus avec tant de profusion sur le sol de la chrétienté. Et vous ne pouvez pas ignorer, mes Frères, que dans notre ville d'Avignon, pour ne pas prendre nos exemples plus loin, s'était établie, sous la protection de nos Papes et sous la direction immédiate de nos Evêques ou Archevêques, une florissante Université où l'on enseignait le droit, la médecine, les arts et la théologie et où de nombreux étudiants accouraient de fort loin.

Quand, au seizième siècle, les guerres de religion qui suivirent l'établissement de la réforme protestante, eurent porté un coup fatal à la cause de l'enseignement chrétien, l'Eglise avec ce don merveilleux d'opportunité dont elle est douée, opéra sous l'impulsion du Concile de Trente, la vraie et légitime réforme et créa sur le champ au moyen de ses propres ressources, un personnel nouveau de travailleurs qui vinrent cultiver et recueillir les moissons blanchissantes. D'innombrables congrégations religieuses, qui font de l'enseignement leur but principal, surgissent de toutes parts : c'est une renaissance catholique d'une incomparable fécondité, corrigeant les abus de la renaissance païenne. Si le nord de l'Europe rompt malheureusement avec l'Eglise, au midi voilà saint Ignace qui rallie autour du trône pontifical une phalange de maîtres consommés.

La diffusion de l'enseignement littéraire pénétré de l'esprit chrétien, l'œuvre salutaire des collèges où l'éducation, c'est-à-dire la formation du cœur, donne la main à l'instruction, au développement de l'esprit, figure en première ligne dans le vaste et admirable programme qu'Ignace assigne à sa Compagnie naissante et lui vaut ses plus légitimes succès. Notre ville d'Avignon ne fut pas des dernières à ouvrir ses portes à ces maîtres incomparables auxquels, du haut de cette chaire, je suis heureux d'adresser un solennel hommage. Fondé en 1564, le collège d'Avignon comptait quatre cents élèves en 1571 ; ce nombre s'élevait bientôt à neuf cents, et, sous le rectorat du P. Pallavicini, c'est-à-dire trente ans après sa fondation et sur la fin du siècle qui avait vu naître les Jésuites, ceux-ci voyaient de seize cents à deux mille élèves suivre les cours de ce collège d'Avignon, où

(1) Mgr Besson, *Panégyrique de J.-B. de la Salle*, 1875.

d'autres maîtres enseignent aujourd'hui (1). En présence de ces chiffres qui n'ont rien de fantaisiste, je vous l'assure, notre siècle a bonne grâce vraiment de se donner comme l'inventeur ou le premier propagateur de l'instruction et de jeter à ses devanciers l'injurieuse accusation de siècles d'ignorance.

Tandis que saint Ignace fonde la Compagnie de Jésus, saint Jérôme Emilien institue les Somasques; saint Gaétan, les Théatins; trois gentilshommes de Milan, les Barnabites; saint Philippe de Néri, les Oratoriens; plus près de nous, César de Bus, fonde l'Institut de la Doctrine chrétienne, spécialement voué à l'enseignement du catéchisme dans les campagnes, et enfin, à Rome même, c'est-à-dire auprès de la pierre fondamentale de cette Eglise que Luther essayait en vain d'ébranler au souffle du libre examen, pour que rien ne manque à ce merveilleux épanouissement de l'enseignement chrétien, saint Joseph Calasanz, le vrai précurseur de Jean-Baptiste de la Salle, établit pour les petits enfants du peuple l'ordre des Ecoles pies qui se répand bientôt en Espagne, en Autriche et en Pologne (2).

En même temps que ces familles religieuses nouvelles se dévouent à l'instruction des jeunes gens à tous les degrés, d'autres instituts se levaient pour se dévouer à l'éducation des jeunes filles, car la femme à son tour devait prendre part à l'apostolat de l'école. C'est sainte Angèle de Mérici, soutenue et encouragée par le grand Archevêque de Milan, saint Charles Borromée, qui fonde sous le vocable de sainte Ursule, un ordre de religieuses institutrices qui se répand bientôt en Italie, puis dans notre Comtat, en France, dans toute l'Europe, jusqu'en Amérique, et qui depuis trois cents ans n'a pas failli à sa mission.

Arrivons au dix-septième siècle, au grand siècle, il mérite ce nom à tous les points de vue. Que voyons-nous? Comme ces chênes vigoureux qui poussent de jeunes branches à mesure que le fer du bûcheron les émonde, l'Eglise de Jésus-Christ semble avoir puisé une jeunesse nouvelle au milieu des retranchements douloureux que lui a fait subir la fureur de la Réforme. Tandis que les ordres anciens, plus spécialement voués à la contemplation, se retrempent dans le plus pur esprit de leur institution

(1) *Annuaire de Vaucluse*, 1854, pag. 239 et suiv. — On sait que le Lycée actuel occupe les bâtiments de l'ancien collège des Jésuites

(2) L'ordre fondé par saint Joseph Calasanz, dont le but et les commencements offrent tant de traits de ressemblance avec la fondation des Ecoles chrétiennes, ne tarda pas à s'écarter de l'esprit de son institution primitive en embrassant toutes les matières de ce que nous nommons aujourd'hui l'enseignement secondaire. Il ne s'est jamais propagé en France.

primitive, d'autres qui se vouent aux œuvres de charité et d'enseignement prennent naissance, grandissent, étendent et entrecroisent leurs rameaux. Pour ne parler que de la France, qu'il me suffise de nommer entre bien d'autres les Filles de la Providence à Auxerre, les Filles de Notre-Dame à Bordeaux, les Sœurs de la Charité à Nevers, les Sœurs de Saint Maurice à Chartres, les admirables Filles de Saint Vincent de Paul, toujours au premier rang du dévouement et de la charité; et enfin, si je les nomme les dernières c'est pour leur donner la place d'honneur qu'elles ont depuis longtemps conquise parmi nous, les Sœurs de Saint Charles, de Lyon, filles spirituelles d'un grand serviteur de Dieu, Charles Démia.

Mais au milieu de ces fondateurs de familles religieuses dont la plupart ont survécu jusqu'à nos jours, il est un nom que je dois rappeler, parce que c'est le nom de celui qui peut être regardé comme ayant été en France le précurseur immédiat de Jean-Baptiste de la Salle, celui du plus fidèle de ses amis et du plus autorisé de ses conseillers. Je veux parler du P. Nicolas Barré, de cet humble et pieux disciple de S. François de Paule qui, en ce temps-là, venait d'établir à Rouen, à Paris et dans un grand nombre d'autres villes l'Institut des écoles charitables du saint Enfant Jésus spécialement destiné aux pauvres filles du peuple et que Madame de Maintenon appela un moment à diriger la fameuse maison de St-Cyr. Frère par le cœur de S. Vincent de Paul et du Bienheureux Jean-Baptiste de la Salle, le P. Barré avait constitué son Institut pour être composé tout à la fois de maîtresses chargées de l'éducation des jeunes filles et de maîtres chargés de l'éducation des jeunes garçons (1).

Mais tandis que l'Institut des maîtresses, communément désigné sous le nom de sœurs de St-Maur, prospéra d'une manière admirable et envoya du vivant même du fondateur de florissantes colonies jusque dans notre Midi, l'institut des maîtres destinés à l'instruction des jeunes garçons ne tarda pas à déchoir et à s'éteindre sous les yeux mêmes du fondateur. Le pieux et austère Minime, malgré d'incontestables qualités, n'était pas l'homme que Dieu appelait à cette difficile mission : *Non hunc elegit Dominus* (2). Il ne devait remplir qu'à moitié la tâche que sa grande âme

(1) Nous ne devons pas oublier que M. Charles Démia fonda également à Lyon sous le nom de *Communauté* ou *petit séminaire de maîtres d'école*, une œuvre à peu près semblable. Au milieu du dix-huitième siècle ses disciples dirigeaient encore huit écoles de garçons. Conf. *Annales de l'Institut des Frères des écoles chrétiennes*. Tom. I. Introduction. Armand Ravelet. *Le Bienheureux Jean-Baptiste de la Salle*. Tours, 1888.

(2) I. *Reg*. XVI. 8.

avait ambitionnée. Mais ne l'oublions pas, *l'homme s'agite et Dieu le mène*: dans ce grand combat que l'Eglise livre depuis dix-neuf siècles à l'ignorance et à tous les vices qui en découlent, pour un soldat qui succombe, Dieu en suscite vingt autres qui le remplaceront. A Vincent de Paul, à Nicolas Barré, à Charles Démia, à d'autres encore que je pourrais nommer, l'honneur d'avoir fondé ces admirables congrégations de vierges chrétiennes qui depuis deux siècles prodiguent l'enseignement aux jeunes personnes de leur sexe. A Joseph Calasanz, en Italie, à Jean-Baptiste de la Salle, en France, l'honneur d'avoir ménagé le même bienfaït à nos chers petits enfants. Ainsi chacun fait l'œuvre à laquelle il a été appelé, et Dieu est glorifié en tous.

Telle est l'œuvre à laquelle notre Bienheureux a été appelé par la Providence, l'œuvre pour laquelle il a été longuement préparé, l'œuvre à laquelle il attachera son nom, il dévouera sa vie et qui le placera au premier rang parmi ces héros de la sainteté que nous nommons les fondateurs d'ordres.

Et maintenant, qu'est-il nécessaire que je vous fasse par le détail le récit de ce que Jean-Baptiste de la Salle a entrepris, de ce qu'il a dû éprouver de contradictions pour mener à bien la fondation de l'Institut des Frères des Écoles chrétiennes? La contradiction est le sceau des œuvres de Dieu, car J.-C. lui-même n'est venu au monde que pour y être un signe de contradiction : *signum cui contradicetur* (1).La contradiction ne manqua donc pas à Jean-Baptiste de la Salle : elle lui vint de partout des princes de l'Eglise, comme de sa famille, de ses propres disciples, comme des instituteurs primaires du temps, des maîtres écrivains qui, par un procédé dont ils n'ont que trop légué le secret a d'autres, trouvaient que le moyen le plus simple pour triompher de la concurrence c'était de supprimer le concurrent.

Enfin, un jour de l'année 1684, on vit, dans les rues de Reims, quelques hommes que le monde ne connaissait jusque là que pour de pieux maîtres d'école, sortir en corps de communauté, conduisant aux offices des paroisses voisines une légion de petits enfants dont la modestie et la bonne grâce attiraient tous les regards. Ces maîtres portaient un habit qui respirait l'humilité et la pauvreté, un habit dont l'étrangeté étonna tout d'abord et qui leur attira pas mal de quolibets; car ne l'oublions pas, mes Frères, ce n'est pas d'hier seulement que le *Français est né malin.* Quittant leurs noms de famille dont quelques-uns étaient illustres, ces nouveaux maîtres se firent appeler Frères, et c'est le seul nom sous lequel ils voulurent désormais être

(1) *Luc.* II. 34.

connus. Austère et rude était leur vie : elle se passait dans l'atmosphère étouffante d'une classe, dans les labeurs obscurs de l'étude, ou dans le silence de longues oraisons. A leur tête, vêtu comme eux, vivant plus pauvrement qu'eux tous, employant comme eux les longues heures de ses journées à épeler devant quelques enfants les lettres de l'alphabet ou les éléments du calcul, on voyait cet homme appartenant à la première noblesse de son pays, qui avait été chanoine, qui restait docteur de Sorbonne et qu'on appelait encore M. de la Salle.

Ah ! passez à la tête de cette modeste cohorte de quelques enfants du peuple et de quelques maîtres aussi pauvres que ces enfants, passez, ô vous que pendant plus de trente ans encore le monde dédaignera et persécutera. Un jour, un jour viendra où ces dédains du monde feront place aux hommages de l'univers ; un jour viendra où sur une place publique de Rouen, aux acclamations de tout un peuple, la postérité saluera votre effigie de bronze avec plus d'orgueil et surtout avec plus d'amour qu'elle ne salue les grandes images de Boieldieu, de Corneille, de Jeanne d'Arc ou de Napoléon qui s'élèvent à côté de la vôtre. Un jour viendra où à la voix du chef de l'Eglise, pontifes, prêtres et fidèles, rois et peuples se prosterneront devant les autels où vous rayonnerez dans la gloire des saints au milieu des splendeurs d'une apothéose incomparable : *similem illum fecit in gloria sanctorum.*

Et vous, chers Frères des Ecoles chrétiennes, passez vous aussi, passez à travers les peuples, drapés dans ce grave et antique manteau qui sied si bien à votre caractère et à votre mission. Passez vaillants mais radieux si on vous insulte, modestes, si on vous acclame, toujours fidèles à l'esprit comme à l'habit du Bienheureux de la Salle. Vous portez depuis deux siècles, sous cette robe de bure, un cœur aussi chrétien que français qui n'a jamais cessé de battre et pour l'Eglise et pour la France. A vos leçons se sont formées d'innombrables légions de chrétiens convaincus et de généreux citoyens. Puis quand pour la patrie sonnèrent de sombres heures, tels on vous avait vus doux et sereins au milieu de vos enfants, tels on vous vit calmes et résignés devant les échafauds de la Terreur, que quelques-uns des vôtres rougirent de leur sang : tels encore on vous vit plus tard, simplement héroïques, quand vous suiviez au feu nos mobiles et nos soldats; brancardiers consommés, sans avoir eu besoin de l'apprentissage de la caserne, vous avez montré avec le frère Néthelme comment les fils de la Salle savent vivre et comment ils savent mourir. Et aujourd'hui, après tant de révolutions, en France, en Italie, en Belgique, en Irlande, dans l'Inde, en Orient, en Amérique, à toutes les extrémités du monde, partout où vous accompagnez le prêtre catholique, vous demeurez les plus populaires et les plus expérimentés des maîtres de l'enfance, vous demeurez les chers Frères des Ecoles chrétiennes.

Cette œuvre c'est Jean-Baptiste de la Salle qui l'a fondée, c'est sa gloire à lui d'avoir compris les besoins des générations modernes, et, brisant le moulede traditions surannées, d'avoir fondé l'enseignement primaire, l'enseignement gratuit et chrétien s'appliquant aux masses populaires. Obscure à son début son œuvre rappelle par l'humilité de son origine le grain de sénevé qui va devenir un grand arbre. Après Reims, voici Paris, Rouen, vingt autres villes encore qui s'ouvrent devant elle. Le Midi réclame à son tour les disciples de la Salle. Rome a vu leur habit et se prépare à jouir d'un enseignement qui popularisera la langue de Corneille et de Bossuet au pays de Virgile et du Tasse. Mais avant Rome même, Avignon, la Rome française, verra s'élever dans ses murs une première école, germe de ces établissements florissants qui tiennent une si large place dans les annales de notre ville et dans celles de l'Institut. Grâce à la piété d'un grand évêque, Laurent Fieschi, grâce à la générosité de la noble famille de Châteaublanc, c'est la paroisse St-Symphorien, alors comme aujourd'hui si largement ouverte aux bonnes œuvres, qui aura la première l'honneur d'abriter les disciples de la Salle et de voir le Bienheureux lui-même se chargeant pendant quelques jours de la classe des plus petits enfants.

Maurice de Gonteriis, le successeur de Laurent Fieschi sur le siège de S. Agricol, continue au Bienheureux et à ses disciples la protection magnanime dont les couvrit son prédécesseur. En même temps, l'Inquisition d'Avignon, cette Inquisition si décriée, mais qui ne brûlait personne, dont le rôle se bornait à arrêter au passage quelques mauvais livres pour le plus grand bien de tous, l'Inquisition d'Avignon, dis-je, approuve les premiers ouvrages sortis de la plume du Bienheureux.

Un peu plus tard de nouvelles écoles seront fondées en divers quartiers de la ville; les paroisses de St-Geniez, de la Madeleine, l'Aumône Générale s'ouvriront successivement aux disciples de la Salle; un noviciat florissant, pépinière inépuisable de maîtres excellents et de parfaits religieux, s'élève à l'ombre des vieilles tours du Palais des Papes et sous la protection de nos Archevêques et de nos Vices-Légats. Deux des premiers successeurs du Bienheureux dans le généralat de l'Institut, le frère Timothée qui en fut après le Bienheureux le véritable organisateur, et le frère Claude, avaient débuté dans la vie religieuse comme directeurs des écoles d'Avignon. Successivement Valréas, Apt, Bollène, d'autres villes encore dans les régions qui nous avoisinent, réclament la faveur de confier leurs enfants à un Institut dans la prospérité duquel il faut voir la main de Dieu et la protection dont le saint fondateur le couvre du haut du ciel.

Et maintenant, voulez-vous savoir où il en est cet Institut dont les modestes commencements étaient bien loin de faire prévoir la prospérité qui l'attendait? Quand le Bienheureux Jean-Baptiste de la Salle mourut le Vendredi-Saint, 7 avril, de l'an 1719, son Institut ne comptait guère plus de deux cents Frères instituteurs, répandus dans une vingtaine de diocèses où ils instruisaient environ dix mille enfants. Soixante-dix ans plus tard, à la veille de la désastreuse Révolution de 89 qui allait l'emporter pour un temps dans les ruines effroyables qu'elle accumula, l'Institut comptait en France seulement un millier de sujets distribués entre cent seize établissements où plus de trente mille enfants recevaient l'instruction gratuite, quoi qu'elle ne fût ni obligatoire ni laïque. Et aujourd'hui, deux cents ans après sa fondation, cent soixante-neuf ans après la mort de son fondateur, malgré la guerre déloyale que lui fait l'impiété, savez-vous où il en est cet Institut qu'il semblait de bon ton autrefois de qualifier d'Ignorantins. Ces Ignorantins sublimes qui portent jusqu'au bout du monde la langue, le nom et l'amour de la France, ces prétendus Ignorantins, ils sont plus de douze mille, répandus dans le monde entier en douze cents communautés et élevant dans la crainte et l'amour de Dieu et dans la connaissance de toutes les sciences humaines plus de trois cent mille enfants.

Je puis me borner à cette constatation plus éloquente que toutes les démonstrations: le poète l'a dit avec son inimitable bon sens : *A l'œuvre on connaît l'artisan.*

Il est temps, mes Frères, de mettre fin à ce trop long discours.

Monseigneur, après les deux siècles dont je viens de tracer une rapide esquisse, Jean-Baptiste de la Salle a retrouvé en Votre Grandeur un Prélat tel que ceux de vos illustres prédécesseurs qui l'accueillirent plusieurs fois dans cette même ville d'Avignon alors qu'il venait instruire les petits enfants de la Carreterie et des Infirmières. Comme Laurent Fieschi, comme Maurice de Gonteriis, avec ce grand cœur que nous vous connaissons, avec cette rare intelligence des besoins de l'heure présente, vous avez voulu assurer à vos diocésains, et en particulier aux petits enfants de votre chère ville d'Avignon, le bienfait de l'éducation libre et chrétienne au moment même où l'on voudrait soustraire l'enfance à la douce influence de la religion et aux bénédictions de

Jésus. Vous avez élevé votre voix pour signaler le péril qui menace les âmes et pour nous convoquer autour des autels où vient de monter le nouveau Bienheureux. L'empressement de votre peuple à répondre à votre appel, la prospérité toujours croissante de nos écoles libres et chrétiennes, tout vous montre, Monseigneur, que vous avez été compris et que l'enseignement religieux cet enseignement qui fait les bons chrétiens et les braves Français, distribué par les fils de Jean-Baptiste de la Salle et par les filles de Charles Démia, continuera sous votre houlette à voir grandir les générations qui se succèdent. Merci donc à vous, Monseigneur, merci au nom des fils du Bienheureux de la Salle, merci au nom de votre diocèse.

Merci également à vous, mon Révérendissime Père (1), à vous le fils et l'héritier de saint Norbert, ce grand apôtre, cet admirable ami du peuple lui aussi, merci à vous qui avez voulu sortir aujourd'hui de votre solitude silencieuse pour nous apporter avec les splendeurs d'un office pontifical, les encouragements que les Antoine et les Pacôme apportaient aux jours des grandes luttes de l'Eglise aux Athanase et aux Cyrille.

Et vous, ô Bienheureux de la Salle, vous à qui nous pouvons enfin offrir publiquement nos hommages, bénissez-nous et protégez-nous. Veillez sur le grand Pape qui brille comme une éclatante lumière au milieu d'un ciel sombre, *lumen in cœlo*, et qui vient de vous décerner le plus splendide des triomphes à l'heure même où le monde tout entier s'incline devant la double majesté de son autorité et de sa personne. Veillez sur l'Eglise dont vous fûtes l'enfant docile et obéissant et sur le front de laquelle rejaillit l'éclat de votre gloire. Veillez sur cette France dont vous avez tant aimé les enfants, sur cette France que vos enseignements et votre protection empêcheront peut-être de courir aux abîmes. Veillez sur cette ville d'Avignon qui vous est hospitalière aujourd'hui comme elle le fut autrefois.

Mais en nous bénissant, continuez à nous instruire, ô maître incomparable. Que vos lèvres s'ouvrent encore pour nous parler. Apprenez-nous à ne pas séparer la science des choses du ciel de la science des choses de la terre : apprenez-nous de quel côté se trouvent les véritables grandeurs, seules dignes de nos ambitions ; et, comme le disait, il y a quelques années, un illustre poète dans un chant magnifique qu'il faisait entendre en votre honneur, apprenez-nous, ô de la Salle, à nous que l'erreur veut séduire,

(1) Le Révérendissime Père Dom Paulin, abbé des Prémontrés de St-Michel de Frigolet.

à nous que le monde fascine, qu'il est une gloire qui dépasse mille fois toutes les gloires que le monde ambitionne et cette gloire, votre modestie est bien obligée de l'accepter aujourd'hui, cette gloire c'est la vôtre, pauvre prêtre, vous qu'on vit

> .... Arrêtant deux enfants au passage
> Et leur montrant avec un regard paternel
> D'une main un vieux livre et de l'autre le ciel (1) !

(1) H. de Bornier.

III

PANÉGYRIQUE

DU

BIENHEUREUX J.-B. DE LA SALLE

PAR M. L'ABBÉ MARBOT

ANCIEN VICAIRE GÉNÉRAL D'AIX.

> *Qui autem fecerit et docuerit hic magnus vocabitur in regno cælorum.*
>
> Celui qui aura enseigné par l'exemple et par la parole sera glorifié dans le royaume des cieux.
>
> (MATT. V. 19.)

MESSEIGNEURS,

Il y a deux cents ans,— c'était en février 1688,— un inconnu, dont la vieille soutane délabrée révélait seule le caractère sacré, arrivait à Paris. Deux compagnons de route marchaient à ses côtés ; et la singularité de leur costume, frappant tous les regards, excitait vivement la curiosité des passants. On considérait ces trois hommes avec étonnement. Les quolibets et les sourires moqueurs ne leur étaient sans doute point épargnés. Et la grande capitale,. qu'un ridicule orgueil a depuis qualifiée de « Ville-Lumière », ne se doutait pas que nous compterions, un jour, parmi les lumières de son pays et les gloires de l'Eglise, cet humble prêtre que le monde appelait *M. de la Salle.*

Deux cents ans ce sont écoulés ! Et voici qu'à l'étonnement succède l'apothéose. Voici que toutes les voix redisent le nom de cet inconnu. Voici que les anges semblent l'apporter du ciel à la terre et que la terre le fait remonter vers le ciel, en ses chants d'allégresse.

A l'heure où nous parlons, tout l'univers catholique répète le nom béni du Bienheureux Jean-Baptiste de la Salle ; toutes oreilles humaines sont frappées du nom du Bienheureux Jean-

Baptiste de la Salle. Partout on tressaille en le prononçant; partout on tressaille en l'entendant. Rome a jeté l'auréole sur la tête de ce grand serviteur de Dieu et de la France; et d'un bout de ses frontières à l'autre, la France acclame ce nom que l'on profère avec respect et avec joie: le Bienheureux Jean-Baptiste de la Salle!

C'est vous qui le glorifiez aujourd'hui, mes Frères, saluant en lui un maître qui sut prêcher par l'exemple et par la parole: *Qui fecerit et docuerit hic magnus vocabitur.* — Il m'est doux de constater que vous le faites grandement. Ce vieux rocher des Doms, toujours si fécond en fleurs spirituelles, en inspirations religieuses et artistiques s'est aujourd'hui paré de sa plus gracieuse floraison. A tous les échos voisins il projète ses harmonies; sur tous les champs d'alentour il répand les effluves de cette piété traditionnelle dont Avignon s'honore. C'est qu'il chante à son tour la gloire du Bienheureux Jean-Baptiste de la Salle.

Mais quelle est ici ma mission, mes Frères? Ce n'est pas votre éloge, c'est l'éloge du Bienheureux que je dois faire. Eh quoi! un panégyrique! Il vous faudra quelque courage pour l'entendre une troisième fois. Aussi bien, me méfiant de moi-même, et me souvenant que notre Bienheureux ne cessait d'égrainer son chapelet, j'ose vous prier de demander à Notre-Dame qu'elle me vienne également en aide: *Ave Maria.*

Deux voix autorisées m'ont précédé dans cette chaire. Ecloses dans vos murs, elles sont vôtres: vous les avez goûtées. Permettez-moi de dire qu'elles me sont également chères et laissez moi réclamer une part de cette sympathie que vous leur avez accordée. — Attendez-vous, mes Frères, que par une modestie de circonstance, je me plaigne qu'elles m'aient rendu la tache difficile? Oh! non; je déclare qu'elles ont au contraire facilité mon labeur: elles ont jeté la semence, je n'ai plus qu'à moissonner. Elles vous ont admirablement fait connaître la vie et les vertus de notre Bienheureux: je veux bénificier de cette exploration déjà faite; et négligeant la trame de cette noble existence, j'ai dessein de vous montrer l'opportunité de l'heure choisie par Dieu pour « glorifier celui qui a enseigné par l'exemple et par la parole ». — J'entends parfois redire que le peuple doit à la Révolution le bénéfice de l'instruction primaire. A ceux qui parlent de la sorte, j'ai souvent la tentation de répondre: « Allez donc à l'école apprendre votre histoire! » La vérité, mes Frères, c'est que l'Eglise a toujours eu des écoles primaires; et s'il s'agit particulièrement de l'*école primaire contemporaine*, c'est le

Bienheureux de la Salle qui en a posé les bases. Je vais essayer de vous le faire voir en vous indiquant comment notre Bienheureux a créé *le type de l'école,* telle qu'elle existe aujourd'hui et j'ajouterai qu'il a également créé le *vrai type de l'instituteur.*

I

L'ÉCOLE

L'école est une institution divine. — Et comme je n'aime point les équivoques, je précise ma pensée en disant que l'Eglise, a, parmi ses droits sacrés, celui d'enseigner les sciences et les lettres aussi bien que le catéchisme... Elle tient ce pouvoir de celui-là même qui lui a dit : *Ite et docete,* et qui est en définitive le Dieu des sciences naturelles aussi bien que le Dieu de la science surnaturelle. — Mais comprenons-nous bien, ce n'est pas à dire pour cela qu'elle ne veuille près de l'enfance que des maîtres engagés dans la vie religieuse ; l'opposition des termes « congréganistes » et « laïques » est une invention moderne (celle-là je ne la conteste pas au mauvais génie contemporain). En tous temps, l'Eglise a toujours accepté et même demandé le concours des maîtres laïques ; elle n'exige pas des mains consacrées, mais elle ne peut pas ne pas exiger des mains chrétiennes ; c'est là sa juste prétention, c'est son droit.

Ce droit d'enseignement, elle l'a exercé à toutes les époques ; les formes et les méthodes qu'elle emploie ont seules varié, selon les temps et les lieux.

Or, pendant de longs siècles, l'étude semblait un domaine accessible à un nombre relativement restreint de privilégiés. Puis, à mesure que tombaient les obstacles tels que le servage,la vie nomade ou le cliquetis des armes, seul charme apprécié des peuples guerriers, l'Eglise partout multipliait ses écoles, et y conviait toutes les intelligences capables d'en profiter... Une heure vint où l'appétit des esprits s'aiguisa davantage : ce fut le siècle de la Renaissance. Car, il faut le reconnaître, s'il est malheureusement vrai que la curiosité excitée par la Renaissance ait produit certains résultats déplorables et favorisé l'impiété, il serait injuste pourtant de lui contester le bon mouvement qu'elle imprima en attirant un plus grand nombre vers les sphères littéraires et scientifiques. Le désir de savoir devint plus général. Il pénétra dans la masse. Or pour répondre à ce peuple qui demandait le pain intellectuel, pour recevoir et enseigner le nombre chaque jour grossissant des disciples, pour réveiller la torpeur de ceux-là même qui ne se souciaient pas d'apprendre, pour procurer surtout aux enfants pauvres le bienfait de l'enseignement, il y avait beaucoup à faire. On chercha longtemps la solution de ce problème. Des cœurs dévoués s'y dépensèrent; les centres d'instruction se multiplièrent. Tout cela ne suffisait pas. Il fallait que l'art d'enseigner fît une évolution complète. Celle-ci s'est produite au XVIIe siècle : et c'est la gloire du Bienheureux de la Salle d'avoir été l'auteur de cette évolution nécessaire, de laquelle est née l'école primaire contemporaine.

C'est en effet à cette époque, marquée dans ses desseins par le grand maître de la science, que parut en ce monde Jean-Baptiste de la Salle. Vous savez qu'il naquit à Reims, le 30 avril 1651. Dieu voulut que cet homme, destiné à élever les enfants du peuple français, prît jour là même où la France chrétienne était née. Et en s'inclinant près du baptistère de Reims, Jean-Baptiste reçut l'effusion sacrée de cette grâce d'en haut qui l'appelait à former en même temps des chrétiens et des français.

J'ai dit que je négligerais les détails de cette grande existence qui vous est connue. Vous n'ignorez pas à quels honneurs sa naissance lui donnait le droit de prétendre. Jean-Baptiste aima mieux le service de Dieu. Chanoine de l'église de Reims à 15 ans, il recueillit de la bouche du parent, qui résiliait sa prébende en sa faveur, cette parole qu'il ne faudrait point prendre pour un épigramme : « Mon petit cousin, souvenez-vous qu'un chanoine doit vivre comme un chartreux dans la solitude et la prière. » La solitude convenait à l'élan de ses pensées ; la prière seule répondait à l'ardeur de son cœur. C'est par l'une et l'autre que M. de la Salle prépara son âme aux grandes choses auxquelles le Seigneur le destinait.

Devenu prêtre, il se demandait si Dieu n'attendait point de lui quelque œuvre particulière de zèle, quand un jour la volonté divine le saisit pour le conduire, à son insu, à la grande entreprise qui devait immortaliser son nom et à laquelle pourtant il n'avait jamais songé.

Un inconnu frappe à sa porte. C'est un pieux laïque, M. Nyel qui vient de Rouen pour tenter de créer à Reims, une école populaire en faveur des enfants pauvres. Il s'adresse à M. de la Salle, à qui il est recommandé, dans le seul but de s'orienter sur un terrain qu'il ignore. Un accueil favorable du clergé de Reims provoqué par un accueil bienveillant du chanoine: c'est tout ce qu'il désire.

Il faudrait ne point savoir ce qu'est l'esprit sacerdotal pour ne pas deviner comment fut reçu l'étranger. Mais il faudrait non moins méconnaître l'esprit des saints pour ne pas se douter de la secrète émotion dont tressaillirent ces deux âmes que rapprochait si inopinément la divine charité ! M. de la Salle devint le protecteur, le conseiller de M. Nyel. Il s'intéressa vivement à son œuvre; et par une conséquence toute naturelle il s'attacha non seulement à lui mais aux modestes compagnons de ses travaux. A ceux-ci, dont il fut le directeur spirituel, il essaya de tracer une voie de perfection relative, ne leur ménageant ni son appui ni ses exhortations pour les édifier, les encourager, les soutenir. Cependant, il s'aperçoit qu'il y a perte de temps pour lui à aller chaque jour les trouver à l'école ; son zèle lui insinue de les faire venir en sa propre demeure pour prendre avec lui ses repas : il les convie et leur donne désormais place à sa table. Un peu plus tard il se dit que l'école se ferait d'une façon plus économique, en même temps qu'y gagnerait la vie intérieure de ses dirigés, si ceux-ci étaient complètement logés sous son propre toit : et aussitôt il exécute cette généreuse pensée.

C'est alors qu'un orage qui grondait déjà sourdement, éclate contre M. de la Salle. Ce ne sont pas seulement les sarcasmes du public qui le déchirent, les quolibets de ses amis qui l'accablent; c'est sa propre famille qui s'insurge. Un gentilhomme, un fils de croisé, qui s'avilit en la société de gens de rien ! qui reçoit à sa table et sous son toit des maîtres d'école ! qui embrasse une vie méprisable et sans dignité ! C'en est trop ! On s'éloigne, on le renie, on le laisse seul.... — Je me trompe, mes Frères, non, il ne reste pas seul ; car voici qu'une famille nouvelle dont les fils ne se compteront point, surgit de sa charité féconde ! M. de la Salle a quitté la maison paternelle ; il a renoncé à tout. Pauvre volontaire il va s'abriter avec ses disciples dans une pauvre maison du faubourg de Saint-Rémy. Le voilà devenu fondateur d'ordre sans s'en douter. Saluons, chrétiens, le berceau de l'Institut des Frères des Ecoles chrétiennes.

Dirigeant, toute sa pensée, toutes ses énergies, avec son cœur tout entier, vers l'enfance pauvre qu'il avait mission d'élever, voici comment notre Bienheureux opéra cette évolution que je vous annonçais tout à l'heure et qui donna naissance à l'école primaire contemporaine.

La méthode scolaire jusque là en usage s'appuyait sur deux principes qui la rendaient inapplicable à la masse, pour qui désormais s'ouvrait l'école.

Et d'abord, l'enseignement était *individuel*. Le maître devait inculquer à chacun de ses élèves, en les prenant tour à tour, les rudiments de la science, répétant ainsi sa leçon autant de fois qu'il avait d'enfants commis à ses soins. C'était un long travail, comme vous le pensez. Aussi bien le chiffre maximum des écoliers était-il restreint dans chaque maison ; et les progrès étaient fort lents. Tant qu'il s'agissait d'un petit nombre, ce système pouvait encore se pratiquer ; mais du moment que le cercle s'élargissait, il devenait impossible. M. de la Salle comprit cette difficulté ; et à la manière des hommes de génie il la supprima en renversant le système : il créa *l'enseignement mutuel et simultané*. Cette façon d'instruire l'enfance nous paraît aujourd'hui fort simple, mes Frères, parce que nous la possédons. Mais elle fut longtemps ignorée. Et c'est la gloire du Bienheureux de la Salle de l'avoir trouvée et d'en avoir doté la pédagogie.

Une autre réforme était nécessaire.

Jusqu'alors la vieille langue-mère, le *latin*, était *à la base* de toute instruction. Ce n'est pas à dire que la période cicéronienne fut à la portée de tous ; les meilleurs, si l'on en juge par certains manuscrits de nos Chapitres, ne soupçonnaient pas toujours la correction du vieux langage de Rome. Mais l'oreille en avait gardé comme des réminiscences harmonieuses ; c'était la vieille tradition ; il fallait commencer par là. Difficile peut être, ce système n'était pas impossible après tout, tant qu'il s'agissait encore d'instruire un petit nombre. Mais pour ouvrir la science à la masse c'était une porte évidemment close d'avance ; c'était au moins une voie décourageante ; il fallait en chercher une autre. Cette autre, M. de la Salle l'indiqua et aussitôt l'inaugura, malgré les protestations de la routine. Et c'est sa gloire, mes Frères, d'avoir introduit la *langue française* à la base de l'enseignement français.

Mais ici je ne puis m'empêcher de vous faire remarquer tout ce qu'il y a de patriotique dans ce second point de réforme de notre Bienheureux. Si vous êtes fiers de la grande unité française ne voyez-vous pas le service que lui a rendu ce maître dont l'enseignement appuyé sur la langue nationale, s'est répandu d'un bout de la France à l'autre? Et regardez à l'étranger, à l'Orient surtout et encore aussi loin que vous retrouvez les fils du Bienheureux de la Salle, ne comprenez-vous pas comment ils coopèrent grandement à l'influence de la France en épelant partout sa vieille langue? Qu'en pensez-vous, Messieurs, sont-ils français, ceux-là? — Ah ! je le sais bien, les Frères des Écoles chrétiennes partagent avec le sacerdoce l'honneur d'être parfois grossièrement insultés. Ne disait-on pas, aux jours néfastes de nos derniers revers, qu'ils manquaient de patriotisme. Manquer de patriotisme ! Ils auraient donc dégénéré de leur père ! Mais tandis que ceux qui leur prodiguaient cette sanglante injure mettaient soigneusement à l'abri leur précieuse personne, où étaient donc les fils du Bienheureux de la Salle?

Regardez. Au soir de Loigny ou de Patay, à Champigny, à Buzenval, voyez-vous ces ombres mystérieuses qui se glissent sur le champ de bataille; sans souci de la fusillade, elles passent et repassent, relèvent, soutiennent et emportent sous une pluie de projectiles, des blessés et des mourants. Leurs noms? Messieurs, le monde ne les connait pas. Leur robe de bure dit seulement qu'ils sont Frères des Écoles chrétiennes. Simplement, sans forfanterie comme sans faiblesse, ils remplissent leur devoir envers la Patrie. Saluez, Messieurs, saluez les brancardiers de la France.

En vous signalant cette note d'amour envers la Patrie, ai-je besoin d'ajouter que le Bienheureux de la Salle portait non moins haut son amour pour les saintes lois de l'Eglise, sa mère?

Il n'avait garde d'oublier le droit divin de cette sainte Église en matière d'enseignement et sa première pensée était toujours de ne rien entreprendre sans avoir témoigné tout son respect pour la hiérarchie sacrée. Un seul fait résume ses sentiments à cet égard. — On le presse d'aller à Paris fonder sa première école. Il attend. On lui dit que tout est prêt, il n'avance pas; qu'il compromet l'œuvre par des atermoiements, il ne se hâte pas davantage. Et quand on cherche à secouer cette torpeur apparente, quand on le harcelle, il déclare qu'il ne fera point un pas en avant, s'il n'est appelé par M. le Curé de Saint-Sulpice! Pour lui, le curé dans cette conjoncture était le représentant du droit de l'Eglise; il ne voulait pas même être soupçonné un instant de l'avoir oublié. Quel grand exemple de respect!

Aussi bien, mes Frères, c'est sur la demande de l'autorité épiscopale d'Avignon qu'il est venu planter ici sa tente et donner le bienfait de son enseignement à cette noble cité, l'une des premières à en profiter. On sait de quelle façon les Frères furent accueillis dans la ville papale. Mais on sait aussi comment à cette époque votre Archevêque leur sut ouvrir son cœur et ses bras. Je me demande vraiment, Monseigneur, si Notre-Dame des Doms n'a point coutume d'infuser au cœur de ses évêques une grâce spéciale de mansuétude et de bonté. A coup sûr, ici rien n'est changé; et les derniers venus du fils du Bienheureux n'ont rien à envier à leurs devanciers.

C'est d'Avignon, mes Frères, que rayonna dans tout le pays voisin l'esprit du Bienheureux de la Salle: c'est d'ici que partirent des colonies nouvelles pour fonder des écoles à Marseille et ailleurs.

La présence de Mgr l'Evêque de Viviers à cette solennité ne me permet pas d'oublier l'une de ces fondations, celle des *Vans*. Le Vivarais tressaillait encore des accents et du zèle de son apôtre, saint François Régis, dont nous célébrions hier l'illustre mémoire.

Le voici qui tressaille de rechef sous la main du Bienheureux de la Salle, (car une dizaine d'années sépare à peine ces deux grandes existences.) Hier c'était le convertisseur des âmes égarées ; aujourd'hui c'est le conservateur des jeunes âmes innocentes.

Combien fut féconde cette fondation des Vans ; l'histoire est là pour le dire. On raconte, il est vrai, qu'à la première heure les Frères furent assez mal reçus: on leur jeta des cailloux. Mais depuis, ces cailloux se sont « changés en pain » pour nourrir les expulsés et soutenir au milieu de mille obstacles les Frères de ce diocèse si chrétien. Il n'y a pas a en douter, mes Frères, de semblables résultats ne s'obtiennent point sans labeur. Tant fertile que puisse être ce champ, il faut bien, pour de telles moissons, que Viviers possède, avec un cœur qui lui garde sa chaleur, une main ferme, puissante et généreuse qui lui montre la voie et l'y maintienne... Cette main, Monseigneur, tout le monde la connait ; vous seul l'ignorez.

Revenons, mes Frères, au Bienheureux de la Salle : Gloire à cette grande et sainte âme qui sut se laisser conduire par la Providence à une œuvre si magnifique. Gloire à cet homme de Dieu, gloire à ce grand français qui dota l'Eglise, la France et le monde entier de la méthode scolaire dont tant de générations ont bénéficié. Mais remarquez le bien, cet inventeur d'un système n'a pas seulement fait des plans, élaboré des théories, indiqué des projets ; il les a mis en pratique lui-même, il les a fait réussir malgré mille obstacles. Et c'est là ce qui le glorifie : il a prêché d'exemple comme de parole : *Qui fecerit et docuerit hic magnus vocabitur in regno cœlorum.*

II

L'INSTITUTEUR

Je voudrais vous dire maintenant comment notre Bienheureux, créateur de l'école contemporaine, réalise en même temps le type de l'instituteur.

Lorsque Dieu suscita la bienfaisante action de Jean-Baptiste de la Salle, s'il faut en croire les documents du temps, l'instituteur laissait beaucoup à désirer, sauf d'honorables mais assez rares exceptions.

Son enseignement était habituellement livré aux inspirations de son propre génie ; et vous pouvez sans crainte l'entendre d'un génie très négatif. De plus, trop souvent il ne voyait dans son rôle qu'une façon d'obtenir un lucre plus ou moins rémunérateur. Or l'Eglise, mes Frères, sans entrer dans des distinctions qui ne sont point de son fait, mais gardienne divine des jeunes âmes qu'elle régénère sur les fonts du baptême, demande à tous les instituteurs, quels qu'ils soient, d'être à la hauteur de leurs obligations et de voir dans la charge si grave qui leur incombe non pas un métier mais un apostolat.

M. de la Salle comprit donc qu'il fallait trois éléments dans la réforme qu'il tentait : la préparation de l'esprit, l'abnégation du cœur et une règle de vie.

1° *La préparation.* Je viens d'indiquer comment on en pouvait déplorer l'absence. Aussi bien, dès que l'on sut avec quelle ardeur M. de la Salle se portait vers l'enseignement de l'enfance, on lui demanda de former des maîtres. Et il créa dès l'origine une *école d'instituteurs laïques.* Ainsi il faisait éclore le premier germe de nos *écoles normales*, comme par ses *écoles du dimanche* il préludait à nos *cours d'adultes.*

Mais il tendait avant tout à asseoir sur des bases solides l'Institut qui devait donner à l'Eglise des maîtres dont le talent a fait et fait encore chaque jour ses preuves. Il fonde ses noviciats. C'est là que dirigeant tout l'esprit vers le but de la vocation, en même temps que celle-ci s'affermit dans les saintes pratiques de la vie religieuse, il imprime à toutes les énergies de l'intelligence un essor capable d'assurer le succès. Pour cela, rien ne l'arrête; et s'il ouvre la porte bien large à tous ceux qui viennent y frapper, cette porte, il la laisse également ouverte à quiconque ne résiste point à l'épreuve de cette préparation. Sous ses yeux, par ses conseils et par sa direction personnelle, il arrive ainsi à créer un modèle d'instituteurs.

Est-ce à dire, mes Frères, que pour être bon instituteur il faille nécessairement être religieux? Loin de ma pensée une telle exagération qui ne serait pas dans le vrai. Mais à coup sûr, l'instituteur qui n'est point lié par des vœux de religion aura toujours à gagner quand il pourra, eu égard à sa condition et aux circonstances, modeler sa vie sur celle d'un religieux. Je n'en veux d'autre témoignage que celui du fondateur même de l'Université, Napoléon Ier, qui souhaitait que les professeurs de ses collèges fussent célibataires.

2° *L'abnégation* ! Il en faut, mes Frères, pour accomplir une tâche aussi dure que celle d'instruire de jeunes enfants. Vous figurez-vous la situation d'un homme qui passe sa vie sur un

Abécédaire, ou qui confine tout l'effort de son intelligence aux limites d'une syntaxe, ou aux premiers éléments d'une science rudimentaire? Répéter vingt fois la même chose, une chose si simple que l'on ne conçoit point qu'elle ne soit pas comprise du premier coup; revenir sans cesse sur le même objet; se résigner à être fatigué de s'entendre soi-même; et quand enfin le succès est atteint près de quelques-uns, les laisser pour recommencer avec d'autres, puis avec d'autres encore; et cela pendant vingt ans, trente ans, quarante ans peut-être! Voilà le rôle de l'instituteur. Et vous croyez que ce soit possible sans abnégation! Jugez-en, pères et mères, qui avez tant de mal à instruire vos propres enfants! Et encore ce sont les vôtres!

Eh bien, mes Frères, cette abnégation, notre Bienheureux l'a inculquée à ses fils en leur montrant les âmes des petits enfants et Dieu que ces âmes doivent posséder. Et là encore c'est surtout par l'exemple qu'il a prêché. Faire abandon des droits de sa naissance, résilier son canonicat, renoncer à ses biens, devenir pauvre volontaire parmi les pauvres et pour les pauvres: tout cela, c'est la trame de sa laborieuse carrière; jusque-là, qu'un jour arrêté par des voleurs, il voit ceux-ci reculer devant lui et respecter son vêtement, seul bien qu'ils eussent pu s'approprier, mais qui eut été pour eux de nul profit, car, sur cette respectable soutane, les pièces et les reprises ne se comptaient plus.

Et c'est ainsi, mes Frères, que ce Bienheureux a fait des maîtres qui savent puiser leur courage dans l'abnégation, des maîtres dont le monde peut apprécier le mérite, mais dont le monde ignore même les vrais noms.

3° *La règle.* Une règle de vie, ou pour être plus intelligible, une parfaite régularité dans la vie: voilà encore un élément nécessaire à l'instituteur. Comment, en effet, pourrait-il être bon maître sans cela? Comment aurait-il autorité sur l'enfance, s'il dément par sa conduite les préceptes qu'il enseigne? Ne vous y trompez pas, il y a chez l'enfant une logique impitoyable qui, sans raisonnement, n'admet point la morale indépendante. L'enfant apprécie par les yeux beaucoup plus que par la tête; et il juge les hommes par ce qu'ils font et non point parce qu'ils disent. Il faut donc au maître une vie régulière, une règle.

Le Bienheureux de la Salle donna à ses instituteurs la règle religieuse. Et la règle religieuse, mes Frères, ce n'est pas, comme on le croit bien à tort dans le monde, un joug insupportable, un tissu aux mailles étroites, enlaçant la vie de chacun, emprisonnant l'essor individuel et enchaînant la liberté dans de mesquines observances ; la règle religieuse, c'est un tuteur divin, solidement assis sur l'inspiration des saints et sur l'expérience des siècles ; c'est un soutien sacré dont bénéficie celui qui l'embrasse pour garder son cœur bien haut et sa vertu bien abritée.

Or, tandis que le Bienheureux de la Salle élaborait sous l'œil de Dieu le livre admirable des règles de l'Institut, il en assurait le succès d'une façon péremptoire et féconde, en s'en montrant partout le premier et le plus strict observateur. Pour abréger, je n'en citerai qu'un exemple. Un jour il est malade jusqu'au point de faire concevoir des inquiétudes à son entourage. On vient lui dire que sa vieille grand'mère est à la porte, demandant à le revoir, peut-être pour la dernière fois. — « Faites-la entrer au parloir, répond l'abbé de la Salle. » Et le voici qui par un effort surhumain se lève, s'habille et se traine jusqu'à la petite pièce qu'il venait d'indiquer. A sa vue la vénérable aïeule, du ton le plus affectueux, lui reproche son imprudence et lui dit : « Il n'y aurait pas eu d'inconvénient à me faire monter dans votre cellule. » — « C'est vrai, répond le Bienheureux, mais il y avait un très grand inconvénient à ce que la règle fut violée pour moi. »

Vous l'avez entendu, fils du Bienheureux de la Salle, qui êtes dans cette enceinte et dont les cœurs surabondent de joie en ce jour ; vous l'avez entendu : c'est ainsi que votre Père estimait et pratiquait lui-même la Règle qu'il vous a laissée. — Eh bien, c'est à vous que je m'adresse en terminant ce discours ; sachez le bien, cette règle, c'est votre force, c'est le bouclier de chacun d'entre vous, c'est le rempart de l'Institut tout entier. Tant que vous serez fidèles à l'observer, vous serez forts et vous continuerez vaillamment votre divine mission, malgré les ennemis qui vous enserrent.

Prenez y garde, nous sommes dans un temps où l'on propose souvent des compromis entre le juste et l'injuste, entre la vérité et l'erreur. N'oubliez pas que dans des circonstances analogues, votre bienheureux Père n'a jamais accepté de fâcheuses transactions et qu'il a mieux aimé risquer la vie de ses maisons que de faire brèche à la règle. Votre règle, mes très chers Frères, c'est votre vie, ne l'oubliez jamais.

Et nous tous, chrétiens, redisons bien haut : Gloire au Bienheureux de la Salle qui a su doter la France de cette phalange d'instituteurs aussi solides que modestes ! Gloire à ce grand cœur qui, se penchant vers les enfants du peuple, a de la sorte si merveilleusement contribué au salut de tant d'âmes ! Gloire à lui ! car à l'encontre de tant de parleurs inutiles qui ne parlent que pour se dispenser d'agir, il a su, lui, prêcher d'exemple et pratiquer ce qu'il enseignait : *Qui autem fecerit et docuerit hic magnus vocabitur in regno cœlorum.*

J'ai fini, mes Frères; et ayant à m'excuser d'avoir été si long, je vous laisse le soin de tirer la conclusion de ce discours.

Un jour le Bienheureux priait dans la cathédrale de Reims. Deux témoins le regardaient, remarquant l'abattement qui traduisait sur son visage une grave préoccupation. — « C'est M. de la Salle, dit l'un, il faut prier pour lui, car il a perdu l'esprit ». — Vous avez raison, répondit l'autre; mais c'est l'esprit du monde qu'il a perdu ».

Ah ! mes Frères, si nous pouvions tous perdre ainsi l'esprit.

Il y a dans ce siècle, qui ne manque point de grandeurs pourtant, un principe délétère qui nous entraine à la ruine morale, parce qu'il est la négation des droits de Dieu, des droits de la justice et de la vérité. On le nomme l'esprit moderne. Et dire qu'il y a des hommes bien intentionnés peut-être, mais alors plus généreux que judicieux, qui rèvent je ne sais quel pacte entre ce qui est et ce qui n'est pas.

Mes Frères, comme le Bienheureux de la Salle ne nous contentons point de parler, mais agissons ; c'est-à-dire sachons pratiquer ce que nous croyons. Soyons des catholiques sérieux, soyons logiques ; comme le Bienheureux de la Salle, ne faisons point de compromis.

Fils des croisés, peuple de Clovis, portons bien haut ce front qui est marqué du sceau baptismal ; gardons bien pures ces mains par qui Dieu a fait dans le monde tant de grandes choses. Et ne disjoignons jamais ces deux grands caractères que le Seigneur a unis dans notre vie nationale : *Chrétiens* et *Français !*

Amen !

Avignon. — Aubanel fr., Imp. de N. S. P. le Pape et de Mgr l'Archevêque.

www.ingramcontent.com/pod-product-compliance
Ingram Content Group UK Ltd.
Pitfield, Milton Keynes, MK11 3LW, UK
UKHW020431180726
13839UKWH00003B/1430